Treatise on Rights

Risālat al-Ḥuqūq

رسالة الحقوق

Imam Zayn al-Abidin
Ali Ibn al-Hussain

MAJALLA
Islamic Classic Texts

COPYRIGHT © MAJALLA Press

Information @ MAJALLA.org/press/

ISBN: 979-8-88823-008-4
Print Edition, Hardback.

COPYRIGHT ©

All rights reserved. No part of this book may be reproduced in any form or by any electronic, mechanical, or other means, now known or hereafter invented, including photocopying and recording, or in any information storage or retrieval system, without permission in writing from the publishers.

https://majalla.org/press

Table of Contents

FOREWORD .... **I**

About the Treatise on Rights .... *i*

INTRODUCTION **3**

Rethinking the Treatise on Rights through the Systems Thinking Framework *3*

Introduction *3*

TREATISE ON RIGHTS **15**

Introduction *15*

Rights and duties *18*

APPENDICES **29**

Original Arabic Text *29*

رسالة الحقوق *29*

Persian Translation from the Original Arabic Text *40*

رسالەی حقوق *40*

Arabic Translation of the Introduction *51*

مقدمة *51*

إعادة التفكير في رسالة الحقوق من خلال إطار التفكير المنظومي *51*

Persian Translation of the Introduction *65*

مقدمه *65*

بازاندیشی رساله حقوق از منظر چارچوب تفکر سیستمی *65*

About Treatise on Rights *75*

a

Foreword

About the Treatise on Rights

Treatise on Rights (*Risālat al-ḥuqūq*) is a seminal Islamic text that continues to resonate with the ethical and legal challenges of our modern era. Authored by Imam Alī Ibn al-Ḥussain Zayn al-Ābidīn, the fourth Imam for the Imami Shi`a Muslim community and a towering figure in Islamic spirituality and thought, the *Treatise* offers a comprehensive vision of human responsibility, justice, and dignity—one that transcends time, geography, and cultural boundaries.

In this new edition, readers are invited to rediscover *Treatise on Rights* not merely as a historical or devotional work, but as a living document with profound implications for contemporary discussions on human rights. To guide this reexamination, we are including an introduction by Dr. Ahmed E. Souaiaia—a distinguished scholar of human rights, law, a jurisprudence. In this essay, offers an incisive introduction that challenges prevailing narratives which often portray the discourse on rights as an exclusive product of modern Western civilization. We think his reflections on human rights best frame this classic text in modern debate about human rights.

Dr. Souaiaia reflection is a rare combination of scholarly rigor and interdisciplinary insight. Over the past two decades, he has consistently engaged with the concept of human rights across a wide range of topics, including migration, indigenous rights, women's rights, property rights, and international humanitarian law. His research draws from both classical Islamic sources and modern Western ideas, allowing him to uncover and articulate the intellectual continuities and ruptures that have shaped our understanding of rights over time.

A hallmark of Dr. Souaiaia's work is his use of the Systems Thinking Framework, which enables him to map the intricate relationships among historical, social, legal, and ethical issues. In his widely respected monographs—*Muslims and the Western Conception of Rights*, *Anatomy of Dissent in Islamic Societies*, and *Contesting Justice*—he demonstrates how deeply embedded the idea of rights is within Islamic intellectual traditions when examined suing the systems thinking framework.

As a faculty member at the University of Iowa, jointly appointed in Religious Studies, International Studies, and the College of Law, Dr. Souaiaia exemplifies the spirit of interdisciplinary inquiry. His scholarship and mentorship have shaped generations of students and scholars, and his contributions to the field of human rights continue to influence global discourse. We are truly honored to incorporate Dr. Souaiaia's thoughts in this edition of the *Treatise on Rights*.

This new edition includes an Introduction, Arabic text of the Treatise, and translations into English and Persian.

From the Editors of
MAJALLA
Classic Islamic Texts Series

Introduction

Rethinking the Treatise on Rights through the Systems Thinking Framework

"A human being is either your brother in faith, or your equal in creation."

Introduction

Having the opportunity to contribute an essay for this edition of the *Treatise on Rights*, it felt like a natural fit. I have regularly included the text in the reading packet for my upper-level course on human rights, culture, religion, and law. Recent developments—both in the field and in my own growth as a teacher and researcher—make a new introductory note to the *Treatise on Rights* especially timely and relevant.

My experience with human rights and my interest in learning about the connection between rights and individual and group identity started during my studies at the University of Washington as a graduate student. Since then, and for over two decades, I have taught courses on human rights every year. All my published works have touched on human rights issues. From the moment I launched my own course, *Human Rights and Islam*, as a PhD candidate, I strived to bring clarity, depth, and experiential perspectives to a field dominated by legalistic and philosophical approaches. During these years, I have taught at every academic level—from introductory courses for undergraduates to advanced graduate seminars for PhD and law students—across a wide array of topics and approaches including the philosophical foundations of rights, the state of human rights in national and international law, and the cultural and historical connections to topics loosely or deeply connected to rights. My path has taken me through property rights, inheritance law (the subject of my dissertation), to women rights, the theme of my first academic monographs, to legitimacy and dissent in Islamic societies—the focus on my second book, to an exploration of the conceptualization of human rights in Enlightenment and modern Islamic thought.

However, it was only in the past seven years, through the application of the systems thinking framework, combined with witnessing the most transformative and significant global events of the century, that my understanding of human rights has reached a new depth. Although I was familiar with the broad outline of system analysis as understood and applied in some science disciplines, and the systems thinking adoption to select social science disciplines in the 1950's, it was during my work translating sections of *al-Muqaddima* that I learned the true meaning and utility of the systems thinking framework as understood and applied by Ibn Khaldun.

Mostly known in the West and even by modern Muslim thinkers as a social historian, Ibn Khaldun's thinking, for those who spend the necessary time struggling to fully comprehend his ideas and identify his conceptual approach, was a theoretician who recognized the inherent complexity of the social world that cannot be explained by simple, linear, cause-effect formulations. His holistic approach was made possible by his piercing insight, broad education, professional experience, and frequent travels. He explained descriptively about history with the same level of knowledge and confidence as he theorized prescriptively about abstract and natural sciences. He consumed the knowledge that he inherited from towering figures of ancient and contemporary civilizations and contributed to it the refined discoveries of his time, all the while insisting that all events are outcomes of natural and social systems that cannot be fully understood and managed except through a holistic approach that integrates the most settled knowledge humans of every generation possessed. It is the rules and principles of the systems thinking framework that he leaned on the explain phenomena that I found compelling and most useful for understanding some of the most complex and complicated social issues: human rights and responsibilities.

Systems thinking, thus inherited and further refined in modern era, with its emphasis on interconnectedness, feedback loops, and dynamic development, has allowed me to analyze human rights not as isolated moral norms or legal imperatives, but as evolving systems of thought and practice shaped by historical contingencies, cultural exchanges, philosophical debates, and lived experiences. It was this systems-level insight that compelled me to reexamine many foundational texts—some well-known, others neglected. Despite its richness, the *Treatise on Rights* (Risālat al-ḥuqūq) has received scant attention in modern academic circles focused on human rights, and that included me—I have not used it beyond the casual nod in class discussions.

Authored by Ali Zayn al-Abidin (658 – 712 CE), the great-grandson of the Prophet Muhammad and a survivor of one an atrocious attack on the relatives of descendants of the Prophet by the Umayyad regime, the *Treatise on Rights* outlines a comprehensive and nuanced vision of rights and responsibilities that spans the spiritual, social, personal, and political domains. What makes this document particularly compelling—and urgently relevant today—is its integrative approach to the idea of rights. Rather than treating rights in the abstract, the *Treatise on Rights* articulates them within a web of reciprocal obligations, where rights are neither abstract claims nor individual entitlements; rather, part of a broader, morally grounded vision of justice and mutual accountability—a form of compact of sort between living and non-living, thinking and non-thinking, part and whole beings. This resonates deeply with contemporary calls for a more relational, less atomized understanding of human rights. Moreover, the *Treatise on Rights* offers a vision of rights that is spiritually informed without being dogmatic, ethically rigorous without being legalistic, and culturally embedded without being parochial. These qualities make it an invaluable resource for rethinking how we teach, conceptualize, and apply human rights in diverse cultural and religious contexts.

In the dominant approaches to human rights teaching and practice, particularly in Western academic settings, certain texts and traditions have long held a near-monopoly on defining what counts as authoritative or foundational. While efforts to diversify syllabi and include non-Western voices have been made, these efforts remain tokenistic. To truly pluralize human rights learning and teaching experiences—and to do so in a way that is philosophically robust and historically informed—the area of study must not only "add" Islamic perspectives to the curriculum but engage them seriously and critically as sources of original thought. The *Treatise on Rights* is not simply a relic of Islamic history; it must be seen as a living document shaped by the systems of personal faith and collective experiences with the potential to reshape the imagination of those who teach, write, and work in the area of human rights.

The Structure and Scope of the Treatise on Rights

Attributed to Imam Ali Zayn al-'Ābidīn, the *Treatise on Rights* is unlikely to have been written down by its author. Instead, we must work with the assumption that it was written down by some students at a later date. The document is more likely presented during lessons and or sermons. Whatever its original form, the content would have originated in the early Islamic centuries. But it remains a unique artifact in the corpus of Islamic ethical and legal literature in Shia Muslim community and beyond. As to its connection to the human rights discourse, far from being a list of rights in the modern sense, the *Treatise* maps a complex moral ecology, outlining over fifty categories of rights that extend from the divine and cosmic to the deeply personal. What makes this text singularly unique is not just the breadth of its coverage, but the interconnectedness it presupposes. In this vision, rights are embedded in relationships, and every right implies a reciprocal duty. In other words, in this worldview, human rights are not and cannot be conceptualized in isolation; they must be recognized in their natural environment, where humans live with other human and non-human beings and depend on other human and non-human beings. This relational model anticipates many insights of contemporary ethics and social theory, and offers a cure to the shortcomings of the modern conceptualization of human rights that are now more evident.

Admittedly, I had not given the *Treatise* its due time. Therefore, to say that the *Treatise* has not figured prominently in contemporary human rights discourse should not be an assignment of blame for the reasons are many. First, the secular and legalistic orientation of modern rights frameworks leaves little room for pre-modern, religiously grounded visions of moral obligation. Second, many Islamic studies scholars have historically treated the text as a pietistic or spiritual document, rather than a source of political, ethical, or legal theory. Third, human rights education itself tends to privilege texts from the Enlightenment or post–World War II periods, particularly those that align with Euro-American liberal traditions. To invoke one of Ibn Khaldun's profound principles of systems thinking, we are after all the outcome of the systems that govern our professions.

Reengaging with the *Treatise on Rights* should not be done within the confines of disciplinary or methodological necessities, such as to examine it when considering human rights in religious thought, cultural relativism, or historical approaches. It must be engaged with as determinant variable whose effect must be included in the calculus of human rights; for it has the potential to illuminate how different civilizations have conceptualized rights as embedded within moral and social systems. Examining such historical documents provides a robust framework for comparative ethics that does not rely on cultural relativism or universalist imposition. Additionally, incorporating such historical documents inspires new models of teaching rights that integrate historical depth, intercultural insights, and ethical and legal complexities. Perhaps most importantly, the

Treatise can serve as a corrective to the tendency in modern rights discourse to emphasize individual entitlements at the expense of mutual responsibilities and accountability. Its vision is one where justice is not secured through litigation or declarations alone, but through the cultivation of reciprocal obligations across all spheres of life—it is the nature of interconnected systems, the principle that describes the world humans live in and the universes humans reach.

In my own work, both as a teacher and researcher, I have tried to bridge traditions, challenge assumptions, and offer students and readers access to and insight on historical events that add to our current understanding of the world. The *Treatise on Rights*, was one of the historical documents of which I thought students ought to be aware. The *Treatise*, when examined through the systems thinking framework, becomes a vital companion on this journey. To give this document the attention it deserves is not to indulge in cultural nostalgia or apologetics. It is, rather, to insist that our understanding of human rights is enriched when it is both critical and inclusive—when we allow old texts to speak about new problems or problems that have been made worse by harmful human interventions, and when we see in the overlooked corners of history the seeds of our most pressing ethical debates.

As Ibn Khaldun posited, humans are the outcome of their professions. To that, as someone produced by a Western academic environment—educated in an American university and thoroughly immersed in the liberal tradition of human rights—I initially approached classical texts like the *Treatise on Rights* through the same lens that modern scholars, especially Western ones, applied. Trained in the philosophical assumptions of Enlightenment individualism and the disciplinary frameworks of political science and legal theory, I was predisposed to dismiss the *Treatise* as a pre-modern relic, rich in moral sentiment but ultimately irrelevant to the modern discourse on human rights. In my early engagement with the *Treatise*, I saw its emphasis on duties—to God, the self, others, the body, and the social world—as fundamentally disconnected from what I had been taught to recognize as "rights." Interested in cross cultural and historical insights on human rights, the inclusion of the *Treatise* met that desire, but it was also framed to communicate how far we have come in our absolute respect for individual rights. Now, that evolution still stands, but it is clear to me that it was not progress. Once again, Ibn Khaldun will use this example to stress the unchanging nature of *society*, even if individual human beings do change, evolve, and develop.

Rights, in the tradition I was trained in, were claims enforceable against authority, structured through legal mechanisms, and centered on the autonomous individual. The *Treatise*, by contrast, appeared to lack the essential elements of rights language, offering instead a framework of moral obligations and spiritual accountability. It seemed unrelated to the advancements in human rights thought that have occurred over the past two centuries—advancements forged through revolutions, constitutions, and institutions rooted in the Western historical experience. However, this interpretation, I now realize, was a product of thinking within the boundaries of a single intellectual system and within the silos of academic disciplines. By failing to step outside the liberal framework, I was unable to perceive the *Treatise on Rights* for what it is: a sophisticated system of moral responsibility, embedded in a worldview where dignity is not asserted through legal claims, but through affinity, reciprocity, humility, obligation, and accountability.

In my training, I had been taught to separate theology from law, ethics from politics, the spiritual from the social. In doing so, I overlooked the integrated ethical vision the *Treatise* offers—a vision in which rights do not belong to the isolated individual; rather, rights emerge from a relational, cosmological, and holistic conception of the human being. The limits of my insights on rights beyond the modern conception of human rights is a defining characteristic of the approach by most, if not all modern thinkers engaged with human rights.

Enlightenment and Individualism

Human rights as we understand them today, are generally traced back to the Age of Enlightenment, a period during which the intellectual landscape of Europe and was transformed and the foundations for the modern Western conception of rights was laid out. However, the evolution of human rights thought did not emerge from a vacuum. It was deeply shaped by a series of historical, social, political, and military struggles that set the stage for the modern international human rights regime. While elements of human rights discourse can be found in earlier traditions—such as in the natural law theories of the Renaissance, or even in the ethical concepts embedded in ancient Greek thought—the Enlightenment thinkers are widely credited with crystallizing the modern concept of human rights. This period of intellectual flourishing, from the late 17th to the 18th centuries, was marked by a profound challenge to both monarchical rule and religious authority, epitomized by the struggle against the crown and the cross. It was during this time that the modern notion of human rights as inherent entitlements, inalienable and self-evident, began to take shape.

Enlightenment philosophers like John Locke, Jean-Jacques Rousseau, and Immanuel Kant must be invoked in any discussion of human rights. These, and other thinkers of the time, argued that individuals possessed certain natural rights—such as the rights to life, liberty, and property—that predated government and law. They emphasized the freedom of the individual, the sanctity of private property, and the pursuit of happiness. These often invoked three rights--the right to life, the right to make own decisions, and the right to prosper—are claims that would later find expression in foundational documents like the US Declaration of Independence (1776) and the French Declaration of the Rights of Man and Citizen (1789); but these rights should be understood as being non-existent. These rights were enjoyed by some men, but these were special men who have titles that distinguished them from the rest—kings, sovereigns, lords, masters, princes, and other persons with titles. The new claims were to expand these rights to men without titles, but not necessarily to all human beings without any qualifications. The evidence for this view is found in various documents and events. Among these documents that prove the intentional exclusion is the deliberate inclusion through the extraordinary amendments to legal and constitutional documents that extended these rights to social groups like women, indigenous peoples, descendants of enslaved peoples. Still exclusion has persisted to this day: migrants are still denied basic rights, persons who have been convicted of crimes lost rights they were previously entitled to and enjoyed, and even citizens who happen to be of specific ethnicity or race continue to face arbitrary and collective punishment when handful of persons who share their group identity carry out an act of violence like what happened to Muslim-Americans after the 9/11 attacks, or what happened to Japanese-Americans after the attacks on Perle Harbor. Most recently, otherwise legal residents had their legal status revoked and faced deportation proceedings for merely exercising their universal right to freedom of speech and conscience. Still, Western thinkers continue the same line of reasoning that privileges the individual, some individual, and still maintained that individual-based rights are uniquely Western and all other conceptions of rights are not really human rights.

In 1982, Jack Donnelly published his article, *Human Rights and Human Dignity: An Analytic Critique of Non-Western Conceptions of Human*

Rights, which expressed this widely shared sentiment about human rights theory. In his article, Donnelly examines claims that non-Western cultures have alternative conceptions of human rights that are fundamentally different from the liberal Western model. Donnelly argues forcefully and emphatically that human rights—as they are widely recognized today—are not timeless, cross-cultural truths, but rather products of a specific historical and philosophical development: the rise of modern liberal democratic states. He argues that the concept of human rights is intrinsically linked to the philosophical underpinnings of Western modernity, particularly the emphasis on individual autonomy and rational self-interest.

This individualistic ethos, while liberating in many respects, also presents consequential limitations. By prioritizing individual rights, modern human rights discourse overlooks the social, cultural, ecological, biological, and natural contexts that shape human experience. A notion of rights driven by individualism, evidently, can lead to a narrow focus on individual entitlements at the expense of collective responsibilities, and it may struggle to address issues that transcend individual agency, such as systemic injustice or environmental degradation.

The Consequences of the Individualism-Driven Human Rights Project

The modern human rights project, rooted in Enlightenment-era individualism, has achieved significant milestones, particularly in establishing legal frameworks and international norms to protect individuals from state abuse. However, its emphasis on individual autonomy and entitlements has also led to unintended consequences. One major consequence is the neglect of collective responsibilities and social collaboration. By prioritizing individual rights, the modern framework undermines community bonds and social obligations, leading to a fragmented society where individual interests prevail over the welfare and wellbeing of the community, which was obvious during the 2020 pandemic and how individuals refused mandatory measures, such as wearing masks when in public crowded places, which accelerated the spread of infection when no government had the capacity to manage the public health crisis.

Another consequence is the difficulty the so-called liberal societies and their governments faced in addressing systemic injustices and global challenges. The individualistic focus of modern human rights discourse does not enable communities and the governments thereof to tackle issues like structural inequality, environmental degradation, and global pandemics, which require collective action and systemic solutions. Individualism-centered conceptualization of rights can also lead to a narrow focus on civil and political rights, neglecting economic, social, and cultural rights that are essential for human flourishing. Furthermore, the dominance of the Western liberal framework has resulted in a lack of universality in the application and interpretation of human rights. Non-Western perspectives, which often emphasize communal values, social harmony, and ecological balance, are dismissed as being outdated, irrelevant, or incompatible with modern human rights norms. This resulted in cultural clashes and a sense of imposition, hindering the effective implementation of human rights in diverse cultural contexts. The evidence for the exclusion of vulnerable social groups as being deserving of rights, the same rights claimed by the powerful and privileged, can also be found in recent events, not just in historical documents.

When European leaders banned drug makers from selling covid-19 vaccine until all Europeans are vaccinated first, it showed that Europeans, today, like those of the Enlightenment, do not see all humans as being equal. Those who prioritize individual pleasures over collective wellbeing have always found a context for their exclusion of non-white males—race, ethnicity, sex, citizenship status, economic status. The exclusion did not happen during times of crises only, it is always present: when Ukrainian war started, and before any mass casualties became known, media and leaders in the West were quick to accuse Russian leaders of genocide. When Palestinians were massacred in Gaza, to the extent that Trump acknowledged that Gaza became "uninhabitable", and when all prominent, reliable NGOs and UN experts categorized the killing and starvation as genocide, Western leaders, including both Trump and Biden, rejected that determination, and explicitly stated that what is happening there is not a genocide, it is "self-defense, prompting a journalist to ask during a news conference, "How many charred bodies does he have to see, before the president considers a change in policy" and recognizes it for what it is?

The challenge to this dominant conception of rights cannot be achieve through ignorance, unreasoned rejection, or through mere inclusion of alternative conceptions of rights. There is a principle-based approach that supports change, and importantly, a determination based on evidence that the outcome of the individualism-based conception of rights has been catastrophic in many critical areas including the realms of public health, environmental matters, and degradation of natural resources.

Systems Thinking as a Basis for Reframing Human Rights

Even with the narrow framing of human rights as a system of preserving entitlements for individuals, the range of rights and the power of the forces that threaten and violate such rights make the struggle a challenging one. Ironically, the securing of these entitlements as claimed by individuals, select social groups, and communities with a sense of entitlement created new related challenges including environmental crises, public health outbreaks, social unrest, and widespread poverty, all of which are deeply connected to human rights. This increased complexity of problems and severity of their impact on the quality of life on Earth cannot be solved by a single system analysis and deployment, which has been the trend over the last century. These complex problems require new approaches, and the Systems Thinking Framework (STF) offers a powerful alternative to the individualistic paradigm that dominates modern human rights discourse. The development and application of relevant and appropriate principles of the STF provide a more holistic understanding of human rights and nuanced interventions.

At its core, the systems thinking framework recognizes that individuals are embedded in complex social, cultural, and ecological systems. The framework takes into consideration the importance of understanding the relationships and interactions between different actors and elements within these systems; creating conditions and new standards to move beyond a narrow focus on individual rights and consider the broader context in which human rights are realized or violated. By emphasizing the dynamic nature of human rights, Systems Thinker recognizes that human rights are not static entitlements but dynamic practices that are shaped by historical, social, cultural, and conceptual factors, an infinitely fluid reality that is as much the outcome of conceptual systems as it is the outcome of actions and lived experience. The application of the principles of the STF recalibrates people's understanding of human rights in a way that is holistic, sustainable, and effective.

The Way Ahead

The way forward in human rights discourse requires a fundamental shift in perspective. We must move beyond the limitations of Enlightenment individualism and embrace a Systems Thinking approach that recognizes the interconnectedness of all. There are historical documents and documented events that offer such a holistic view, in the context of this translated work, these are part of the legacy of the Islamic civilization, which contributed the insight of the *Treatise on Rights*.

The *Treatise on Rights* offers a valuable resource for understanding and conceptualizing human rights. Its emphasis on relationality, reciprocity, and responsibility provides a compelling alternative to the individualistic ethos of modern human rights. By engaging with texts like the *Treatise*, scholars and students of human rights can enrich the body of knowledge on human rights and help develop more integrative and insightful frameworks. In particular, the *Treatise*'s emphasis on moral responsibility, interdependence, and humility can help recover the true purpose of human rights: the protection of human dignity as a trust to be upheld, not an entitlement to be exploited.

For Muslims especially, the modern origins and evolution of the human rights discourse should not serve as a justification for disengagement or rejection. Rather, they should prompt a renewed commitment to ethical imperatives deeply rooted in the Islamic tradition. Islamic civilization, throughout its long and varied history, has produced a rich corpus of thought and practice concerning justice, rights, and responsibilities—a legacy that includes moments of principled advocacy for the absolute dignity of the individual within the bounds of divine law and moral order. Works such as Imam Zayn al-Abidin's *Treatise on Rights* stand as enduring testaments to a vision of rights founded not in individualistic self-assertion, but in submission to the principle of justice and care and the obligations owed to others. Thus, the way forward is not abandonment but renewal: a rigorous, principled reengagement with the notion of rights as moral duties as well as protections, grounded in a vision of human beings not as isolated sovereign individuals, but as stewards, trustees, caregivers, regents, and participants in a larger universal order. Through such a reclamation the promise of human rights—their true promise— can be realized in a manner worthy of the name.

Muslim thinkers, due to the dominance of the Western cultural and institutional output, accepted the claim of human rights being an invention of Western Enlightenment thinkers. As a distinction in framing of the modern notion of human rights, that might be an argument to be made and debated. But in the lights of the struggles of such conceptualization of rights and its contribution of widespread and large scale harm to humans and non-human beings and things, it becomes a critical moment for Muslim thinkers to develop an Islamic conceptualization of rights as foundational and as an alternative or corrective framing on rights, especially when such framing of rights is supported by universal principles of reason and logic, scientific truths, and enduring aspiration.

Ahmed E. Souaiaia
University of Iowa, Iowa City, 2025.

Treatise on Rights

Introduction

Know—may God have mercy on you—that God has rights upon you that encompass you in every movement you make, whether you move or remain still, whether you descend into a place or rise from it, whether you use a bodily limb or employ any instrument. Some of these rights are greater than others. The greatest of God's rights upon you is that which He has made obligatory for Himself—Blessed and Exalted is He—of His own right. This is the root of all rights, and from it all other rights branch out.

Then comes the right which He has made obligatory upon you for your own self, from the crown of your head to the soles of your feet, according to the differences among your bodily parts. Thus, He has assigned a right over you to your eyes, and a right over you to your ears, and a right over you to your tongue, and a right over you to your hands, and a right over you to your feet, and a right over you to your stomach, and a right over you to your private parts. These are the seven limbs by which actions are carried out.

Then the Mighty and Majestic has made your actions themselves subject to rights. He has assigned a right over you to your prayer, a right to your fasting, a right to your almsgiving, a right to your sacrificial offerings, and a right to every action you perform.

Thereafter, rights flow outward from you to others who bear rights that are obligatory upon you. The most obligatory of these upon you is the right of your leaders (*imāms*), then the rights of your subjects, then the rights of your kin. These are rights from which other rights branch out.

The rights of your leaders (*imāms*) are three, the most obligatory of them being:

the right of the one who governs you by authority,

the right of the one who leads you by knowledge, and

the right of the one who exercises property ownership over you—

for every leader is an imām.

The rights of your subjects are likewise three, the most obligatory being:

the right of those governed by you through authority,

the right of those governed by you through knowledge—for the ignorant is ruled by the knowledgeable, and

the right of those governed by you through property ownership—such as spouses and those under your possession.

The rights of your kin are many and correspond to the closeness of the blood tie. The most obligatory of these are:

the right of your mother,

then the right of your father,

then the right of your child,

then the right of your brother,

and then the nearest of kin in order of proximity and seniority.

Then comes the right of your master who has bestowed favor upon you,

then the right of the master whose favor continues over you,

then the right of the one who has done you a kindness,

then the right of the one who calls you to prayer,

then the right of the one who leads you in prayer,

then the right of your companion,

then the right of your neighbor,

then the right of your close associate,

then the right of your business partner,

then the right of your property,

then the right of the one you owe a debt to,

then the right of the one who owes you,

then the right of your associate,

then the right of your adversary who lays claim against you,

then the right of your adversary against whom you lay claim,

then the right of the one who seeks your counsel,

then the right of the one who counsels you,

then the right of the one who seeks your advice,

then the right of the one who advises you,

then the right of the one older than you,

then the right of the one younger than you,

then the right of the one who asks you,

then the right of the one you ask,

then the right of the one through whom there has occurred any harm or joy to you—whether by word or deed, whether intentional or unintentional.

Then comes the right of the people of your religion as a whole,

then the right of the people under your covenant (*ahl al-dhimma*),

and then the rights that arise according to changing circumstances and events, as dictated by their causes and conditions.

So blessed is the one whom God aids in fulfilling that which He has made obligatory upon him from among these rights, and whom He grants success and guidance.

Rights and duties

1. The greatest right of God upon you is to worship Him without associating any partners with Him. If you fulfill this with sincerity, He has promised to take care of your worldly and spiritual affairs and to preserve for you what you cherish from both realms. As for the rights of yourself, you must fulfill them in obedience to God, ensuring that you perform the duties owed to your tongue, hearing, sight, hands, feet, stomach, and private parts, seeking God's assistance in doing so.

2. The right of your tongue is to honor it by refraining from indecency and to train it to speak good words. You should use it only in situations where it serves a beneficial purpose for your religion and daily life, avoiding frivolous speech that may cause harm or have little benefit. Your tongue should reflect your wisdom and good character.

3. As for the right of your hearing, you should protect it from being a pathway to your heart except for noble words that inspire goodness or cultivate virtuous character. Your hearing is a gateway to the heart, which can lead to both good and evil depending on what you allow in.

4. The right of your sight is to lower it from what is unlawful and to use it only for purposes of reflection or gaining knowledge. Your sight should not wander into areas that lead to temptation or distraction from your duties.

5. As for the right of your feet, you must not walk towards what is unlawful. They should not lead you into places that disregard the dignity of others. Your feet should guide you on the righteous path, ensuring that you follow the way of faith.

6. The right of your hands is to refrain from extending them towards what is unlawful. You should use your hands to fulfill the obligations God has placed upon you, avoiding actions that would bring about punishment in this life or the hereafter.

7. The right of your stomach is to avoid making it a vessel for even a little of what is unlawful. You should eat moderately from the permissible,

ensuring that you do not exceed the limits of righteousness to the point of indulgence, as excess may lead to laziness and hinder you from acts of goodness.

8. As for the rights of your private parts, you must protect them from what is unlawful. This involves lowering your gaze, as it is one of the strongest means to aid you in this endeavor. Control your desires by reminding yourself of death and the greatness of God, and instill fear in your soul regarding transgressions. Seek refuge in God, for He is the source of protection and support. There is no power except with Him.

9. As for the rights of prayer, you should understand that it is an invitation to God, and you stand before Him during prayer. Knowing this, you should conduct yourself as a humble, eager, and fearful servant, approaching your prayer with calmness and reverence. Engage in sincere supplication, recognizing your shortcomings and seeking forgiveness for your sins. Stand before God with tranquility and humility. There is no power except with God.

10. As for the rights of fasting, you must realize that it is a barrier God has placed over your senses—your sight, hearing, speech, and desires—to protect you from the fire. Fasting serves as a shield; if you remain within its confines, you hope to be protected. However, if you break this barrier by giving in to temptation, you risk exposing yourself to what is forbidden. Maintain your piety and do not transgress the limits set by God. There is no power except with God.

11. As for the rights of charity, you should understand that it is your treasure with God, a trust that requires no witnesses. Recognizing this, you should keep your charity secret unless you have a reason to declare it. Maintain its confidentiality, as it is a trust between you and God. Do not boast about your charitable acts, as this could undermine their value. If you do so, you risk rendering your good deeds ineffective. There is no power except with God.

12. As for the rights of your offerings (*hadiyya*), you should dedicate them sincerely to God, seeking His mercy and acceptance. Do not perform them for the eyes of others. If you do this sincerely, you will not be pretentious or artificial in your acts. Remember that God desires ease, not hardship, and He has created all things with ease in mind. Humility is preferable to

arrogance, as it requires no burden or effort. There is no power except with God.

13. As for the rights of your leaders, you must recognize that you are a test for him, and he is a trial for you by virtue of his authority. You should offer him sincere advice and not oppose him, especially if he has power over you. Strive to ensure his actions do not harm your faith, and seek to assist him in ways that will not compromise your obedience to God. Do not rebel against him, as this would harm both him and yourself. Instead, be a source of support for him. There is no power except with God.

14. As for the rights of your teacher, you should show him respect and honor his gatherings. Listen attentively and engage with him, as you cannot afford to be ignorant of the knowledge he imparts. Prepare your mind and heart to absorb his teachings, avoiding distractions and temptations. If you are entrusted with his teachings, do not betray that trust, and strive to convey his messages accurately. There is no power except with God.

15. As for the rights of your master in ownership, this resembles the rights of your ruler, but here your obedience must be in accordance with God's commands. Fulfill your obligations to your master as long as they do not lead you away from your responsibilities to God. Balance your duties, ensuring you do not neglect the rights owed to God. There is no power except with God.

16. As for the rights of your subjects in governance, you should recognize that you have been granted authority over them through God's grace. They are under your care due to their weakness and vulnerability. Treat them kindly and with mercy, as they are in need of your support and protection. Understand that this responsibility is a trust from God, and you should be grateful for the strength He has given you to carry it. There is no power except with God.

17. As for the rights of your subjects in knowledge, you must recognize that God has made you a guardian over the knowledge you possess. As a custodian of wisdom, you should share it with your subjects with sincerity and care. If you manage this responsibility well, you will be rewarded; if not, you risk betraying their trust. Act as a compassionate and wise steward of the knowledge entrusted to you. There is no power except with God.

18. As for the rights of your spouse, you should know that God has made them a source of comfort, rest, and companionship for you. Each of you should thank God for the other, recognizing that this relationship is a great blessing. You must treat this blessing with respect, kindness, and compassion. Even if your rights over them seem strict and your obedience to them required in matters you may like or dislike, remember that they have rights to mercy, companionship, and a place of solace. This bond is significant and must be honored. There is no power except with God.

19. As for the rights of those in your possession (like your servants), you should understand that they are creations of God, sharing in your flesh and blood. You do not own them by your own creation but by God's decree. He has entrusted them to you, and you are responsible for their care. Provide for them as you would for yourself, feeding them from what you eat and clothing them from what you wear, and do not burden them with what they cannot bear. If you find yourself unable to care for them, know that you can seek refuge in God and replace them without causing them suffering. There is no power except with God.

20. As for the rights of your mother, you should realize that she carried you in a way no one else could, nurturing you with her heart's bounty. She has given you her hearing, sight, hands, and all her faculties, enduring discomfort and hardship for your sake. Her sacrifices are immeasurable, and she deserves your utmost gratitude and respect. Recognize her contributions and be thankful for her sacrifices, acknowledging that you could not repay her except with the help and guidance of God.

21. As for the rights of your father, you must understand that he is your root, and you are his branch. Without him, you would not exist. Whatever you see in yourself that you admire comes from him. Therefore, acknowledge him as the source of your blessings, thank God for him, and show appreciation accordingly. There is no power except with God.

22. As for the rights of your child, know that they are a part of you, associated with you in this world through their good and bad actions. You are accountable for their upbringing, teaching them good manners, guiding them to their Lord, and helping them in obedience. You will be rewarded for this guidance or held accountable for neglect. Act towards them as one who adorns himself with the good effects of their actions and seeks

forgiveness for them in your supplications. There is no power except with God.

23. As for the rights of your brother, you should know that he is your hand that you extend, your back that you lean on, your honor that you rely upon, and your strength in times of need. Do not use him as a weapon for disobedience to God or as a means to oppress His creation. Always support him in his needs and help him against his enemies, protecting him from his own demons. Offer him sincere advice and direct your attention to him for the sake of God. If he submits to his Lord and responds well, that is good; if not, let your love for God take precedence over your attachment to him.

24. As for the rights of the one who has done you a favor, you should recognize that they have spent their wealth on you, freeing you from the humiliation of servitude and leading you to the honor of independence. They have released you from the chains of bondage and provided you the opportunity to worship your Lord freely. They have borne the burden of your shortcomings and deserve your utmost respect and support, particularly after your family. They are the most deserving of your assistance and loyalty, so do not prioritize yourself over them in times of need.

25. As for the rights of the servant under your care, you should understand that God has made you their protector and guide. They serve as a means between you and God, and your treatment of them can lead to your salvation from the fire. You should be just and fair in your dealings with them, ensuring they receive their rights, especially if they have no relatives to claim inheritance. If you do not protect their rights, you risk losing your own blessings. There is no power except with God.

26. As for the rights of one who has shown you kindness, you should express your gratitude, remember their good deeds, and speak well of them. Offer sincere prayers for them in your supplications to God. If you do this, you will have thanked them both privately and publicly. If possible, repay their kindness with actions; if not, at least prepare yourself to do so when the opportunity arises.

27. As for the rights of the caller to prayer (*muazzin*), you should recognize that he reminds you of your Lord and calls you to fulfill your religious duties. Thank him for this role, as he is among your greatest helpers in

performing the obligatory prayers that God has prescribed for you. If you find yourself doubting his intentions, remember that he is indeed a blessing from God. Treat this blessing with gratitude and acknowledge it in all circumstances. There is no power except with God.

28. As for the rights of your imam in prayer, you should understand that he has taken on the role of interceding between you and God, representing you in your worship. He speaks on your behalf while you do not speak for him, he prays for you while you do not pray for him, and he seeks what is best for you without you asking for it. His concern is for your standing before God and His questioning regarding you. If he falls short in any of these respects, it does not diminish your own standing. If he commits a sin, you are not a partner in that sin. He protects himself, and in turn, he protects your prayers; thus, you should be grateful for his efforts. There is no power except with God.

29. As for the rights of a companion, you should treat them gently, making your presence pleasant for them. Be fair in your conversations and avoid overwhelming them with your attention. When you engage with them, aim for clarity so they can understand you easily. If you need to leave their company, do so only with their permission. There is no power except with God.

30. As for the rights of your neighbor, you must protect their interests when they are absent and honor them when they are present. Always support them in both situations. Do not seek out their faults or look for their shortcomings to expose them. If you come to know something undesirable about them unintentionally, be a fortress of protection and a shield for their dignity. Do not eavesdrop on their private matters, and do not betray them in difficult times. Do not envy them in their blessings; instead, forgive their missteps and exercise patience if they act out of ignorance. Always be a source of peace for them, defending them against slander and treating them with respect. There is no power except with God.

31. As for the rights of a friend, you should treat them with kindness and generosity whenever you can. If you cannot do so, at least act fairly. Honor them as they honor you, and protect them as they protect you. Do not let them outdo you in acts of kindness; if they do, reciprocate their generosity. You should commit to providing them advice and support, helping them

in their obedience to God. Be a source of mercy for them and not a source of hardship. There is no power except with God.

32. As for the right of wealth; it is that you do not acquire it except through lawful means, and you do not spend it except in lawful ways. Do not divert it from its proper places, nor misappropriate it from its rightful purposes. Do not consider it—if it has come to you from God—as belonging to anyone but Him, and let it be only a means to reach God. Do not prefer with it anyone over yourself, especially one who may not praise you for it, and who may not be a good caretaker of what you leave behind. He might not use it in obedience to your Lord, and thus you would become an accomplice to his wrongdoing.

On the other hand, if someone makes better use of your wealth after you—directing it toward obedience to his Lord—then he reaps the reward, and you bear the burden of sin, sorrow, and regret, along with the consequences. And there is no power except through God.

33. As for the right of the creditor who demands payment from you:

If you are able to repay, then you must fulfill his right, settle your debt, and relieve his need, without delay or postponement. For the Messenger of God (peace be upon him) said: "Delaying payment by one who is capable is an act of injustice."

But if you are in hardship, then satisfy him with kind words, and make a courteous request for leniency. Turn him away gently and do not combine the loss of his wealth with poor treatment—for that would be vile conduct. And there is no power except through God.

34. As for the rights of the adversary making claims against you, if their claims are valid, do not dismiss their arguments or work to invalidate their complaint. Instead, recognize that you must be your own opponent in this matter, serving as your own judge and witness to their rights without relying solely on other witnesses. If their claims are false, treat them with gentleness and remind them of their faith, aiming to soften their stance with the remembrance of God. Avoid harsh language, as it may invite further hostility and only serve to escalate the conflict. Remember that good words can combat evil. There is no power except with God.

35. As for the rights of the accused in a claim, if what they claim is true, approach the matter with clarity and compassion, recognizing that claims can be heavy on the ears of the accused. Focus on presenting your argument gently and allow time for deliberation, using clear and kind language. Do not get distracted by disputes or idle talk, as this may weaken your case. There is no power except with God.

36. As for the rights of the one seeking advice, if they present a matter to you, exert yourself to offer them sound counsel, suggesting what you believe would be the best course of action if you were in their position. Approach this with kindness and gentleness, as gentleness alleviates discomfort, while harshness creates distance. If you do not have a specific opinion to provide, guide them towards someone whose judgment you trust and approve of, thereby ensuring you have not withheld any good advice. There is no power except with God.

37. As for the rights of the one advising you, do not suspect them regarding their opinions that align with yours. Opinions and people's behaviors can vary; be open to their perspective. If you doubt their insight, remember that suspicion should not extend to those deserving of consultation. Always express gratitude for their contributions and the quality of their advice. If their opinion aligns with yours, thank God and acknowledge your brother's assistance with gratitude and a willingness to reciprocate in kind if they seek your help. There is no power except with God.

38. As for the rights of the one seeking your advice, it is your duty to offer them sound counsel based on what you believe is right, while ensuring your words are gentle and appropriate for their understanding. Speak to them in a manner that their intellect can grasp, for each mind has a capacity for understanding different levels of discourse. Let your approach be rooted in mercy. There is no power except with God.

39. As for the rights of the advisor, you should soften your demeanor towards them, open your heart, and lend your ear to understand their advice. Reflect on what they say; if they have succeeded in providing sound guidance, praise God for that, accept their counsel, and recognize its value. If they have erred, show them compassion and do not suspect them of ill intent, knowing that they only sought to advise you but may have made a mistake. Avoid jumping to conclusions about their character

unless there is just cause. In all circumstances, do not act harshly towards them, and remember that there is no power except with God.

40. As for the rights of elders, you should respect their age and honor their status in Islam, especially if they are distinguished in the faith. Do not confront them in disputes; do not precede them in any matter, nor treat them with disregard. If they act ignorantly towards you, be patient and treat them with dignity due to their age and their Islamic standing. The rights of age are proportional to the honor of their Islamic contributions. There is no power except with God.

41. As for the rights of the young, show them mercy, educate them, and forgive their mistakes. Protect them, treat them gently, and assist them. Conceal their youthful errors, as this can lead to their repentance. Exercise patience with them and avoid quarrels, for such behavior is more conducive to their growth and guidance.

42. As for the rights of the one who asks, you should give to them if a charitable opportunity arises and you are able to meet their needs. Pray for them in their hardship and assist them in their requests. If you have doubts about their honesty and accusations arise against them, do not let those doubts lead you to a hasty judgment. Be wary of the whispers of Satan, who seeks to divert you from your blessings and distance you from drawing closer to your Lord. Instead, cover their faults and respond to them graciously. However, if your own inclinations lead you to give in to their request despite your reservations, know that this is a matter of resolve and virtue.

43. As for the rights of the one who is asked, if they give, accept what they offer with gratitude and recognition of their generosity. Seek to understand their reasons if they withhold, and maintain a good opinion of them. Know that if they choose not to give from their wealth, it is their right to do so, and that reproaching them for their possessions is not warranted. Even if they are unjust, remember that humanity is often prone to injustice and ingratitude.

44. As for the rights of one through whom God has brought you joy, if their actions were intentional, you should first praise God and then thank them for their kindness in proportion to the reward they deserve. You should reciprocate their generosity and ensure that they are rewarded for their

initial good deed. If their actions were not deliberate, you should still praise God and thank Him, recognizing that this kindness is a unique blessing from Him. You should cherish this, as it is a reason for God's blessings upon you, and hope for further good in return. Indeed, the causes of blessings are a source of prosperity wherever they may arise. There is no power except with God.

45. As for the rights of one who has wronged you through words or actions, if their wrongdoing was intentional, then forgiveness is preferable, as it embodies restraint and good conduct towards those of their stature among creation. Indeed, God says, "And whoever avenges himself after being wronged—there is no blame upon them." This is a matter of resolve. God, the Exalted, also said, "And if you punish [an enemy], let it be proportional to that which was inflicted upon you. But if you are patient, it is better for those who are patient." This applies to intentional wrongdoing. If their actions were not deliberate, do not wrong them by intentionally seeking retribution, lest you respond to an error with your own deliberate wrongdoing. Instead, treat them with gentleness, and respond with the kindest response you are able to give. There is no power except with God.

46. As for the rights of your community, they include the intention of safety, spreading the wings of mercy, being gentle with those who commit wrong, fostering unity among them, seeking their reform, and expressing gratitude to those who do good, both to themselves and to you. For indeed, their kindness to themselves is their kindness to you when they refrain from causing you harm and spare you their burdens. Embrace all of them with your supplication, support all of them with your assistance, and grant each of them their rightful place: the elders should be regarded as parents, the young as children, and the middle-aged as siblings. Whoever comes to you, treat them kindly with compassion and maintain the bond of brotherhood that is due from one brother to another.

47. As for the rights of the People of the Covenant, the ruling regarding them is that you should accept from them what God has accepted, and fulfill what God has entrusted to them of His covenant and promise. You should speak to them in accordance with what is required of them, and guide them to what is obligatory upon them, and judge them according to what God has judged regarding yourself in your dealings with them. And let there be between you and their oppression a barrier of maintaining God's covenant and fulfilling the promise of God and His Messenger. For

it has reached us that he said, "Whoever oppresses a covenant holder, I will be his opponent." So fear God, and there is no power or strength except with God. These are fifty comprehensive rights that encompass you, and you must not depart from them in any circumstances. It is incumbent upon you to observe them, to work towards fulfilling them, and to seek God's assistance in doing so. And there is no power or strength except with God, and praise be to God, the Lord of the Worlds.

APPENDICES

Original Arabic Text

رسالة الحقوق

اعْلَمْ رَحِمَكَ اللَّهُ أَنَّ لِلَّهِ عَلَيْكَ حُقُوقاً مُحِيطَةً بِكَ فِي كُلِّ حَرَكَةٍ حركتها [تَحَرَّكْتَهَا أَوْ سَكَنَةٍ سَكَنْتَهَا أَوْ مَنْزِلَةٍ نَزَلْتَهَا أَوْ جَارِحَةٍ قَلَبْتَهَا أَوْ آلَةٍ تَصَرَّفْتَ بِهَا بَعْضُهَا أَكْبَرُ مِنْ بَعْضٍ وَأَكْبَرُ حُقُوقِ اللَّهِ عَلَيْكَ مَا أَوْجَبَهُ لِنَفْسِهِ تَبَارَكَ وَتَعَالَى مِنْ حَقِّهِ الَّذِي هُوَ أَصْلُ الْحُقُوقِ وَمِنْهُ تَفَرَّعَ ثُمَّ مَا أَوْجَبَهُ عَلَيْكَ لِنَفْسِكَ مِنْ قَرْنِكَ إِلَى قَدَمِكَ عَلَى اخْتِلَافِ جَوَارِحِكَ فَجَعَلَ لِبَصَرِكَ عَلَيْكَ حَقّاً وَلِسَمْعِكَ عَلَيْكَ حَقّاً وَلِلِسَانِكَ عَلَيْكَ حَقّاً وَلِيَدِكَ عَلَيْكَ حَقّاً وَلِرِجْلِكَ عَلَيْكَ حَقّاً وَلِبَطْنِكَ عَلَيْكَ حَقّاً وَلِفَرْجِكَ عَلَيْكَ حَقّاً فَهَذِهِ الْجَوَارِحُ السَّبْعُ الَّتِي بِهَا تَكُونُ الْأَفْعَالُ ثُمَّ جَعَلَ عَزَّ وَجَلَّ لِأَفْعَالِكَ حُقُوقاً فَجَعَلَ لِصَلَاتِكَ عَلَيْكَ حَقّاً وَلِصَوْمِكَ عَلَيْكَ حَقّاً وَلِصَدَقَتِكَ عَلَيْكَ حَقّاً وَلِهَدْيِكَ عَلَيْكَ حَقّاً وَلِأَفْعَالِكَ عَلَيْكَ حَقّاً ثُمَّ تَخْرُجُ الْحُقُوقُ مِنْكَ إِلَى غَيْرِكَ مِنْ ذَوِي الْحُقُوقِ الْوَاجِبَةِ عَلَيْكَ وَأَوْجَبُهَا عَلَيْكَ حَقّاً أَئِمَّتُكَ ثُمَّ حُقُوقُ رَعِيَّتِكَ ثُمَّ حُقُوقُ رَحِمِكَ فَهَذِهِ حُقُوقٌ يَتَشَعَّبُ مِنْهَا حُقُوقٌ فَحُقُوقُ أَئِمَّتِكَ ثَلَاثَةٌ أَوْجَبُهَا عَلَيْكَ حَقُّ سَائِسِكَ بِالسُّلْطَانِ ثُمَّ حَقُّ سَائِسِكَ بِالْعِلْمِ ثُمَّ حَقُّ سَائِسِكَ بِالْمِلْكِ وَكُلُّ سَائِسٍ إِمَامٌ وَحُقُوقُ رَعِيَّتِكَ ثَلَاثَةٌ أَوْجَبُهَا عَلَيْكَ حَقُّ رَعِيَّتِكَ بِالسُّلْطَانِ ثُمَّ حَقُّ رَعِيَّتِكَ بِالْعِلْمِ فَإِنَّ الْجَاهِلَ رَعِيَّةُ الْعَالِمِ وَحَقُّ رَعِيَّتِكَ بِالْمِلْكِ مِنَ الْأَزْوَاجِ وَمَا مَلَكْتَ مِنَ الْأَيْمَانِ وَحُقُوقُ رَحِمِكَ كَثِيرَةٌ مُتَّصِلَةٌ بِقَدْرِ اتِّصَالِ الرَّحِمِ فِي الْقَرَابَةِ فَأَوْجَبُهَا عَلَيْكَ حَقُّ أُمِّكَ ثُمَّ حَقُّ أَبِيكَ ثُمَّ حَقُّ وُلْدِكَ ثُمَّ حَقُّ أَخِيكَ ثُمَّ الْأَقْرَبُ فَالْأَقْرَبُ وَالْأَوَّلُ فَالْأَوَّلُ ثُمَّ حَقُّ مَوْلَاكَ الْمُنْعِمِ عَلَيْكَ ثُمَّ حَقُّ مَوْلَاكَ الْجَارِي نِعْمَتُهُ عَلَيْكَ ثُمَّ حَقُّ ذِي الْمَعْرُوفِ لَدَيْكَ ثُمَّ حَقُّ مُؤَذِّنِكَ بِالصَّلَاةِ ثُمَّ حَقُّ إِمَامِكَ فِي صَلَاتِكَ ثُمَّ حَقُّ جَلِيسِكَ ثُمَّ حَقُّ جَارِكَ ثُمَّ حَقُّ صَاحِبِكَ ثُمَّ حَقُّ شَرِيكِكَ ثُمَّ حَقُّ مَالِكَ ثُمَّ حَقُّ غَرِيمِكَ الَّذِي تُطَالِبُهُ ثُمَّ حَقُّ غَرِيمِكَ الَّذِي يُطَالِبُكَ ثُمَّ حَقُّ خَلِيطِكَ ثُمَّ حَقُّ خَصْمِكَ الْمُدَّعِي عَلَيْكَ ثُمَّ حَقُّ خَصْمِكَ الَّذِي تَدَّعِي عَلَيْهِ ثُمَّ حَقُّ مُسْتَشِيرِكَ ثُمَّ حَقُّ الْمُشِيرِ عَلَيْكَ ثُمَّ حَقُّ مُسْتَنْصِحِكَ ثُمَّ حَقُّ النَّاصِحِ لَكَ ثُمَّ حَقُّ مَنْ هُوَ أَكْبَرُ مِنْكَ ثُمَّ حَقُّ مَنْ هُوَ أَصْغَرُ مِنْكَ ثُمَّ حَقُّ سَائِلِكَ ثُمَّ حَقُّ مَنْ سَأَلْتَهُ ثُمَّ حَقُّ مَنْ جَرَى لَكَ عَلَى يَدَيْهِ مَسَاءَةٌ بِقَوْلٍ أَوْ فِعْلٍ أَوْ مَسَرَّةٌ بِذَلِكَ بِقَوْلٍ أَوْ فِعْلٍ عَنْ تَعَمُّدٍ مِنْهُ أَوْ غَيْرِ تَعَمُّدٍ مِنْهُ ثُمَّ حَقُّ أَهْلِ مِلَّتِكَ عَامَّةً ثُمَّ حَقُّ أَهْلِ الذِّمَّةِ ثُمَّ الْحُقُوقُ الْحَادِثَةُ بِقَدْرِ عِلَلِ الْأَحْوَالِ وَتَصَرُّفِ الْأَسْبَابِ فَطُوبَى لِمَنْ أَعَانَهُ اللَّهُ عَلَى قَضَاءِ مَا أَوْجَبَ عَلَيْهِ مِنْ حُقُوقِهِ وَوَفَّقَهُ وَسَدَّدَهُ.

1 فَأَمَّا حَقُّ اللهِ الْأَكْبَرُ فَأَنَّكَ تَعْبُدُهُ لَا تُشْرِكُ بِهِ شَيْئاً فَإِذَا فَعَلْتَ ذَلِكَ بِإِخْلَاصٍ جَعَلَ لَكَ عَلَى نَفْسِهِ أَنْ يَكْفِيَكَ أَمْرَ الدُّنْيَا وَالْآخِرَةِ وَيَحْفَظَ لَكَ مَا تُحِبُّ مِنْهُمَا. وَأَمَّا حَقُّ نَفْسِكَ عَلَيْكَ فَأَنْ تَسْتَوْفِيَهَا فِي طَاعَةِ اللهِ فَتُؤَدِّيَ إِلَى لِسَانِكَ حَقَّهُ وَإِلَى سَمْعِكَ حَقَّهُ وَإِلَى بَصَرِكَ حَقَّهُ وَإِلَى يَدِكَ حَقَّهَا وَإِلَى رِجْلِكَ حَقَّهَا وَإِلَى بَطْنِكَ حَقَّهُ وَإِلَى فَرْجِكَ حَقَّهُ وَتَسْتَعِينَ بِاللهِ عَلَى ذَلِكَ.

2 وَأَمَّا حَقُّ اللِّسَانِ فَإِكْرَامُهُ عَنِ الْخَنَى وَتَعْوِيدُهُ الْخَيْرَ وَحَمْلُهُ عَلَى الْأَدَبِ وَإِجْمَامُهُ إِلَّا لِمَوْضِعِ الْحَاجَةِ وَالْمَنْفَعَةِ لِلدِّينِ وَالدُّنْيَا وَإِعْفَاؤُهُ عَنِ الْفُضُولِ الشَّنِعَةِ الْقَلِيلَةِ الْفَائِدَةِ الَّتِي لَا يُؤْمَنُ ضَرَرُهَا مَعَ قِلَّةِ عَائِدَتِهَا وَيُعَدُّ شَاهِدُ الْعَقْلِ وَالدَّلِيلُ عَلَيْهِ وَتَزَيُّنُ الْعَاقِلِ بِعَقْلِهِ [وَ] حُسْنُ سِيرَتِهِ فِي لِسَانِهِ وَلا قُوَّةَ إِلَّا بِاللهِ الْعَلِيِّ الْعَظِيمِ.

3 وَ أَمَّا حَقُّ السَّمْعِ فَتَنْزِيهُهُ عَنْ أَنْ تَجْعَلَهُ طَرِيقاً إِلَى قَلْبِكَ إِلَّا لِفُوَّهَةٍ كَرِيمَةٍ تُحْدِثُ فِي قَلْبِكَ خَيْراً أَوْ تَكْسِبُكَ خُلُقاً كَرِيماً فَإِنَّهُ بَابُ الْكَلَامِ إِلَى الْقَلْبِ يُؤَدِّي إِلَيْهِ ضُرُوبُ الْمَعَانِي عَلَى مَا فِيهَا مِنْ خَيْرٍ أَوْ شَرٍّ وَلا قُوَّةَ إِلَّا بِاللهِ.

4 وَأَمَّا حَقُّ بَصَرِكَ فَغَضُّهُ عَمَّا لَا يَحِلُّ لَكَ وَتَرْكُ ابْتِذَالِهِ إِلَّا لِمَوْضِعِ عِبْرَةٍ تَسْتَقْبِلُ بِهَا بَصَراً أَوْ تَسْتَفِيدُ بِهَا عِلْماً فَإِنَّ الْبَصَرَ بَابُ الِاعْتِبَارِ.

5 وَأَمَّا حَقُّ رِجْلَيْكَ فَأَنْ لَا تَمْشِيَ بِهِمَا إِلَى مَا لَا يَحِلُّ لَكَ وَلا تَجْعَلَهَا مَطِيَّتَكَ فِي الطَّرِيقِ الْمُسْتَخِفَّةِ بِأَهْلِهَا فِيهَا فَإِنَّهَا حَامِلَتُكَ وَسَالِكَةٌ بِكَ مَسْلَكَ الدِّينِ وَالسَّبْقِ لَكَ وَلا قُوَّةَ إِلَّا بِاللهِ.

6 وَأَمَّا حَقُّ يَدِكَ فَأَنْ لَا تَبْسُطَهَا إِلَى مَا لَا يَحِلُّ لَكَ فَتَنَالَ بِمَا تَبْسُطُهَا إِلَيْهِ مِنَ اللهِ الْعُقُوبَةَ فِي الْآجِلِ وَمِنَ النَّاسِ بِلِسَانِ اللَّائِمَةِ فِي الْعَاجِلِ وَلَا تَقْبِضَهَا مِمَّا افْتَرَضَ اللهُ عَلَيْهَا وَلَكِنْ تُوَقِّرُهَا بِهِ تَقْبِضُهَا عَنْ كَثِيرٍ مِمَّا لَا يَحِلُّ لَهَا وَتَبْسُطُهَا بِكَثِيرٍ مِمَّا لَيْسَ عَلَيْهَا فَإِذَا هِيَ قَدْ عُقِلَتْ وَشُرِّفَتْ فِي الْعَاجِلِ وَجَبَ لَهَا حُسْنُ الثَّوَابِ مِنَ اللهِ فِي الْآجِلِ.

7 وَأَمَّا حَقُّ بَطْنِكَ فَأَنْ لَا تَجْعَلَهُ وِعَاءً لِقَلِيلٍ مِنَ الْحَرَامِ وَ لَا لِكَثِيرٍ وَأَنْ تَقْتَصِدَ لَهُ فِي الْحَلَالِ وَلا تُخْرِجَهُ مِنْ حَدِّ التَّقْوِيَةِ إِلَى حَدِّ التَّهْوِينِ وَذَهَابِ الْمُرُوَّةِ فَإِنَّ الشِّبَعَ الْمُنْتَهِيَ بِصَاحِبِهِ إِلَى التُّخَمِ مَكْسَلَةٌ وَمَثْبَطَةٌ وَمَقْطَعَةٌ عَنْ كُلِّ بِرٍّ وَ كَرَمٍ وَإِنَّ الرأي [الرِّيَّ الْمُنْتَهِيَ بِصَاحِبِهِ إِلَى السُّكْرِ مَسْخَفَةٌ وَ مَجْهَلَةٌ وَمَذْهَبَةٌ لِلْمُرُوَّةِ.

8 وَأَمَّا حَقُّ فَرْجِكَ فَحِفْظُهُ مِمَّا لَا يَحِلُّ لَكَ وَالِاسْتِعَانَةُ عَلَيْهِ بِغَضِّ الْبَصَرِ فَإِنَّهُ مِنْ أَعْوَنِ الْأَعْوَانِ وَضَبْطُهُ إِذَا هَمَّ بِالْجُوعِ وَالظَّمَإِ وَكَثْرَةِ ذِكْرِ الْمَوْتِ وَالتَّهَدُّدِ لِنَفْسِكَ بِاللَّهِ وَالتَّخْوِيفِ لَهَا بِهِ وَبِاللَّهِ الْعِصْمَةُ وَالتَّأْيِيدُ وَلَا حَوْلَ وَلَا قُوَّةَ إِلَّا بِهِ.

9 حُقُوقُ الْأَفْعَالِ، فَأَمَّا حَقُّ الصَّلَاةِ فَأَنْ تَعْلَمَ أَنَّهَا وِفَادَةٌ إِلَى اللَّهِ وَأَنَّكَ قَائِمٌ بِهَا بَيْنَ يَدَيِ اللَّهِ فَإِذَا عَلِمْتَ ذَلِكَ كُنْتَ خَلِيقاً أَنْ تَقُومَ فِيهَا مَقَامَ الذَّلِيلِ الرَّاغِبِ الرَّاهِبِ الْخَائِفِ الرَّاجِي الْمِسْكِينِ الْمُتَضَرِّعِ الْمُعَظِّمِ مَنْ قَامَ بَيْنَ يَدَيْهِ بِالسُّكُونِ وَ الْإِطْرَاقِ وَخُشُوعِ الْأَطْرَافِ وَلِينِ الْجَنَاحِ وَحُسْنِ الْمُنَاجَاةِ لَهُ فِي نَفْسِهِ وَالطَّلَبِ إِلَيْهِ فِي فَكَاكِ رَقَبَتِكَ الَّتِي أَحَاطَتْ بِهَا خَطِيئَتُكَ وَاسْتَهْلَكَتْهَا ذُنُوبُكَ وَلا قُوَّةَ إِلَّا بِاللَّهِ.

10 وَأَمَّا حَقُّ الصَّوْمِ فَأَنْ تَعْلَمَ أَنَّهُ حِجَابٌ ضَرَبَهُ اللَّهُ عَلَى لِسَانِكَ وَسَمْعِكَ وَبَصَرِكَ وَفَرْجِكَ وَبَطْنِكَ لِيَسْتُرَكَ بِهِ مِنَ النَّارِ وَهَكَذَا جَاءَ فِي الْحَدِيثِ الصَّوْمُ جُنَّةٌ مِنَ النَّارِ فَإِنْ سَكَنَتْ أَطْرَافُكَ فِي حَجَبَتِهَا رَجَوْتَ أَنْ تَكُونَ مَحْجُوباً وَإِنْ أَنْتَ تَرَكْتَهَا تَضْطَرِبُ فِي حِجَابِهَا وَتَرْفَعُ جَنَبَاتِ الْحِجَابِ فَتَطَّلِعُ إِلَى مَا لَيْسَ لَهَا بِالنَّظْرَةِ الدَّاعِيَةِ لِلشَّهْوَةِ وَالْقُوَّةِ الْخَارِجَةِ عَنْ حَدِّ التَّقِيَّةِ لِلَّهِ، لَمْ يُؤْمَنْ أَنْ تَخْرِقَ الْحِجَابَ وَتَخْرُجَ مِنْهُ وَلا قُوَّةَ إِلَّا بِاللَّهِ.

11 وَأَمَّا حَقُّ الصَّدَقَةِ فَأَنْ تَعْلَمَ أَنَّهَا ذُخْرُكَ عِنْدَ رَبِّكَ وَوَدِيعَتُكَ الَّتِي لَا تَحْتَاجُ إِلَى الْإِشْهَادِ فَإِذَا عَلِمْتَ ذَلِكَ كُنْتَ بِمَا اسْتَوْدَعْتَهُ سِرّاً أَوْثَقَ بِمَا اسْتَوْدَعْتَهُ عَلَانِيَةً وَكُنْتَ جَدِيراً أَنْ تَكُونَ أَسْرَرْتَ إِلَيْهِ أَمْراً أَعْلَنْتَهُ وَكَانَ الْأَمْرُ بَيْنَكَ وَبَيْنَهُ فِيهَا سِرّاً عَلَى كُلِّ حَالٍ وَ لَمْ يَسْتَظْهِرْ عَلَيْهِ فِيمَا اسْتَوْدَعْتَهُ مِنْهَا إِشْهَادَ الْأَسْمَاعِ وَ الْأَبْصَارِ عَلَيْهِ بِهَا كَأَنَّهَا أَوْثَقُ فِي نَفْسِكَ وَكَأَنَّكَ لَا تَثِقُ بِهِ فِي تَأْدِيَةِ وَدِيعَتِكَ إِلَيْكَ ثُمَّ لَمْ تَمْتَنَّ بِهَا عَلَى أَحَدٍ لِأَنَّهَا لَكَ فَإِذَا امْتَنَنْتَ بِهَا لَمْ تَأْمَنْ أَنْ تَكُونَ بِهَا مِثْلَ تَهْجِينِ حَالِكَ مِنْهَا إِلَى مَنْ مَنَنْتَ بِهَا عَلَيْهِ لِأَنَّ فِي ذَلِكَ دَلِيلًا عَلَى أَنَّكَ لَمْ تُرِدْ نَفْسَكَ بِهَا وَلَوْ أَرَدْتَ نَفْسَكَ بِهَا لَمْ تَمْتَنَّ بِهَا عَلَى أَحَدٍ وَ لا قُوَّةَ إِلَّا بِاللَّهِ.

12 وَأَمَّا حَقُّ الْهَدْيِ فَأَنْ تُخْلِصَ بِهَا الْإِرَادَةَ إِلَى رَبِّكَ وَالتَّعَرُّضَ لِرَحْمَتِهِ وَ قَبُولِهِ وَلَا تُرِدْ عُيُونَ النَّاظِرِينَ دُونَهُ فَإِذَا كُنْتَ كَذَلِكَ لَمْ تَكُنْ مُتَكَلِّفاً وَلَا مُتَصَنِّعاً وَكُنْتَ إِنَّمَا تَقْصِدُ إِلَى اللَّهِ وَاعْلَمْ أَنَّ اللَّهَ يُرَادُ بِالْيَسِيرِ وَلَا يُرَادُ بِالْعَسِيرِ كَمَا أَرَادَ بِخَلْقِهِ التَّيْسِيرَ وَلَمْ يُرِدْ بِهِمُ التَّعْسِيرَ وَكَذَلِكَ التَّذَلُّلُ أَوْلَى بِكَ مِنَ التَّدَهْقُنِ لِأَنَّ الْكُلْفَةَ وَالْمَئُونَةَ فِي الْمُتَدَهْقِنِينَ فَأَمَّا التَّذَلُّلُ وَالتَّمَسْكُنُ فَلَا كُلْفَةَ فِيهِمَا وَلَا مَئُونَةَ عَلَيْهِمَا لِأَنَّهُمَا الْخِلْقَةُ وَهُمَا مَوْجُودَانِ فِي الطَّبِيعَةِ وَلَا قُوَّةَ إِلَّا بِاللَّهِ.

13 حُقُوقُ الْأَئِمَّةِ، فَأَمَّا حَقُّ سَائِسِكَ بِالسُّلْطَانِ فَأَنْ تَعْلَمَ أَنَّكَ جُعِلْتَ لَهُ فِتْنَةً وَأَنَّهُ مُبْتَلًى فِيكَ بِمَا جَعَلَهُ اللَّهُ لَهُ عَلَيْكَ مِنَ السُّلْطَانِ وَأَنْ تُخْلِصَ لَهُ فِي النَّصِيحَةِ وَأَنْ لَا تُمَاحِكَهُ وَقَدْ بُسِطَتْ يَدُهُ عَلَيْكَ فَتَكُونَ سَبَبَ هَلَاكِ نَفْسِكَ وَهَلَاكِهِ وَتَذَلَّلْ وَتَلَطَّفْ لِإِعْطَائِهِ مِنَ الرِّضَى مَا يَكُفُّهُ عَنْكَ وَلَا يُضِرُّ بِدِينِكَ وَتَسْتَعِينُ عَلَيْهِ فِي ذَلِكَ بِاللَّهِ وَلَا تُعَازِّهِ وَلَا تُعَانِدْهُ فَإِنَّكَ إِنْ فَعَلْتَ ذَلِكَ عَقَقْتَهُ وَعَقَقْتَ نَفْسَكَ فَعَرَّضْتَهَا لِمَكْرُوهِهِ وَعَرَّضْتَهُ لِلْهَلَكَةِ فِيكَ وَكُنْتَ خَلِيقاً أَنْ تَكُونَ مُعِيناً لَهُ عَلَى نَفْسِكَ وَشَرِيكاً لَهُ فِيمَا أَتَى إِلَيْكَ وَلَا قُوَّةَ إِلَّا بِاللَّهِ.

14 وَأَمَّا حَقُّ سَائِسِكَ بِالْعِلْمِ فَالتَّعْظِيمُ لَهُ وَالتَّوْقِيرُ لِمَجْلِسِهِ وَحُسْنُ الِاسْتِمَاعِ إِلَيْهِ وَالْإِقْبَالُ عَلَيْهِ وَالْمَعُونَةُ لَهُ عَلَى نَفْسِكَ فِيمَا لَا غِنَى بِكَ عَنْهُ مِنَ الْعِلْمِ بِأَنْ تُفَرِّغَ لَهُ عَقْلَكَ وَتُحْضِرَهُ فَهْمَكَ وَتُذَكِّيَ لَهُ قَلْبَكَ وَ تُجَلِّيَ لَهُ بَصَرَكَ بِتَرْكِ اللَّذَّاتِ وَ نَقْضِ الشَّهَوَاتِ وَأَنْ تَعْلَمَ أَنَّكَ فِيمَا أَلْقَى رَسُولُهُ إِلَى مَنْ لَقِيَكَ مِنْ أَهْلِ الْجَهْلِ فَلَزِمَكَ حُسْنُ التَّأْدِيَةِ عَنْهُ إِلَيْهِمْ وَ لَا تَخُنْهُ فِي تَأْدِيَةِ رِسَالَتِهِ وَالْقِيَامِ بِهَا عَنْهُ إِذَا تَقَلَّدْتَهَا وَلَا حَوْلَ وَ لَا قُوَّةَ إِلَّا بِاللَّهِ.

15 وَ أَمَّا حَقُّ سَائِسِكَ بِالْمِلْكِ فَنَحْوٌ مِنْ سَائِسِكَ بِالسُّلْطَانِ إِلَّا أَنَّ هَذَا يَمْلِكُ مَا لَا يَمْلِكُهُ ذَاكَ تَلْزَمُكَ طَاعَتُهُ فِيمَا دَقَّ وَجَلَّ مِنْكَ إِلَّا أَنْ تُخْرِجَكَ مِنْ وُجُوبِ حَقِّ اللَّهِ فَإِنَّ حَقَّ اللَّهِ يَحُولُ بَيْنَكَ وَبَيْنَ حَقِّهِ وَحُقُوقِ الْخَلْقِ فَإِذَا قَضَيْتَهُ رَجَعْتَ إِلَى حَقِّهِ فَتَشَاغَلْتَ بِهِ وَلَا قُوَّةَ إِلَّا بِاللَّهِ.

16 حُقُوقُ الرَّعِيَّةِ، فَأَمَّا حُقُوقُ رَعِيَّتِكَ بِالسُّلْطَانِ فَأَنْ تَعْلَمَ أَنَّكَ إِنَّمَا اسْتَرْعَيْتَهُمْ بِفَضْلِ قُوَّتِكَ عَلَيْهِمْ فَإِنَّهُ إِنَّمَا أَحَلَّهُمْ مَحَلَّ الرَّعِيَّةِ لَكَ ضَعْفُهُمْ وَذُلُّهُمْ فَمَا أَوْلَى مَنْ كَفَاكَهُ ضَعْفُهُ وَذُلُّهُ حَتَّى صَيَّرَهُ لَكَ رَعِيَّةً وَصَيَّرَ حُكْمَكَ عَلَيْهِ

نافِذاً لَا يَمْتنِعُ مِنْكَ بِعِزَّةٍ وَلَا قُوَّةٍ وَلَا يَسْتَنْصِرُ فِيمَا تعاظَمَهُ مِنْكَ إِلَّا بِاللهِ بِالرَّحْمَةِ وَالْحِيَاطَةِ وَالْأَنَاةِ وَمَا أَوْلَاكَ إِذَا عَرَفْتَ مَا أَعْطَاكَ اللهُ مِنْ فَضْلِ هَذِهِ الْعِزَّةِ وَ الْقُوَّةِ الَّتِي قَهَرْتَ بِهَا أَنْ تَكُونَ لِلَّهِ شَاكِراً وَ مَنْ شَكَرَ اللهَ أَعْطَاهُ فِيمَا أَنْعَمَ عَلَيْهِ وَلا قُوَّةَ إِلَّا بِاللهِ.

17 وَأَمَّا حَقُّ رَعِيَّتِكَ بِالْعِلْمِ فَأَنْ تَعْلَمَ أَنَّ اللهَ قَدْ جَعَلَكَ لَهُمْ قَيِّماً فِيمَا آتَاكَ مِنَ الْعِلْمِ وَوَلَّاكَ مِنْ خِزَانَةِ الْحِكْمَةِ فَإِنْ أَحْسَنْتَ فِيمَا وَلَّاكَ اللهُ مِنْ ذَلِكَ وَ قُمْتَ بِهِ لَهُمْ مَقَامَ الْخَازِنِ الشَّفِيقِ النَّاصِحِ لِمَوْلَاهُ فِي عَبِيدِهِ الصَّابِرِ الْمُحْتَسِبِ الَّذِي إِذَا رَأَى ذَا حَاجَةٍ أَخْرَجَ لَهُ مِنَ الْأَمْوَالِ الَّتِي فِي يَدَيْهِ رَاشِداً وَكُنْتَ لِذَلِكَ آمِلًا مُعْتَقِداً وَإِلَّا كُنْتَ لَهُ خَائِناً وَ لِخَلْقِهِ ظَالِماً وَلِسَلَبِهِ وَغَيْرِهِ مُتَعَرِّضاً.

18 وَأَمَّا حَقُّ رَعِيَّتِكَ بِمِلْكِ النِّكَاحِ فَأَنْ تَعْلَمَ أَنَّ اللهَ جَعَلَهَا سَكَناً وَمُسْتَرَاحاً وَأُنْساً وَوَاقِيَةً وَكَذَلِكَ كُلُّ أَحَدٍ مِنْكُمَا يَجِبُ أَنْ يَحْمَدَ اللهَ عَلَى صَاحِبِهِ وَيَعْلَمَ أَنَّ ذَلِكَ نِعْمَةٌ مِنْهُ عَلَيْهِ وَوَجَبَ أَنْ يُحْسِنَ صُحْبَةَ نِعْمَةِ اللهِ وَيُكْرِمَهَا وَيَرْفُقَ بِهَا وَإِنْ كَانَ حَقُّكَ عَلَيْهَا أَغْلَظَ وَطَاعَتُكَ لَهَا أَلْزَمَ فِيمَا أَحْبَبْتَ وَكَرِهْتَ مَا لَمْ تَكُنْ مَعْصِيَةً فَإِنَّ لَهَا حَقَّ الرَّحْمَةِ وَالْمُؤَانَسَةِ وَمَوْضِعُ السُّكُونِ إِلَيْهَا قَضَاءُ اللَّذَّةِ الَّتِي لَا بُدَّ مِنْ قَضَائِهَا وَذَلِكَ عَظِيمٌ وَلا قُوَّةَ إِلَّا بِاللهِ.

19 وَأَمَّا حَقُّ رَعِيَّتِكَ بِمِلْكِ الْيَمِينِ فَأَنْ تَعْلَمَ أَنَّهُ خَلْقُ رَبِّكَ وَ لَحْمُكَ وَدَمُكَ وَأَنَّكَ تَمْلِكُهُ لَا أَنْتَ صَنَعْتَهُ دُونَ اللهِ وَ لَا خَلَقْتَ لَهُ سَمْعاً وَلَا بَصَراً وَلَا أَجْرَيْتَ لَهُ رِزْقاً وَلَكِنَّ اللهَ كَفَاكَ ذَلِكَ بِمَنْ سَخَّرَهُ لَكَ وَائْتَمَنَكَ عَلَيْهِ وَاسْتَوْدَعَكَ إِيَّاهُ لِتَحْفَظَهُ فِيهِ وَتَسِيرَ فِيهِ بِسِيرَتِهِ فَتُطْعِمَهُ مِمَّا تَأْكُلُ وَتُلْبِسَهُ مِمَّا تَلْبَسُ وَلَا تُكَلِّفَهُ مَا لَا يُطِيقُ فَإِنْ كَرِهْتَهُ خَرَجْتَ إِلَى اللهِ مِنْهُ وَاسْتَبْدَلْتَ بِهِ وَلَمْ تُعَذِّبْ خَلْقَ اللهِ وَلا قُوَّةَ إِلَّا بِاللهِ.

20 حَقُّ الرَّحِمِ، فَحَقُّ أُمِّكَ أَنْ تَعْلَمَ أَنَّهَا حَمَلَتْكَ حَيْثُ لَا يَحْمِلُ أَحَدٌ أَحَداً وَأَطْعَمَتْكَ مِنْ ثَمَرَةِ قَلْبِهَا مَا لَا يُطْعِمُ أَحَدٌ أَحَداً وَأَنَّهَا وَقَتْكَ بِسَمْعِهَا وَبَصَرِهَا وَيَدِهَا وَرِجْلِهَا وَشَعْرِهَا وَبَشَرِهَا وَجَمِيعِ جَوَارِحِهَا مُسْتَبْشِرَةً فَرِحَةً مُحْتَمِلَةً لِمَا فِيهِ مَكْرُوهُهَا أَلَمُهَا وَثِقْلُهَا وَغَمُّهَا حَتَّى دَفَعَتْهَا عَنْكَ يَدُ الْقُدْرَةِ وَأَخْرَجَتْكَ إِلَى الْأَرْضِ فَرَضِيَتْ أَنْ تَشْبَعَ وَتَجُوعَ هِيَ وَتَكْسُوكَ وَتَعْرَى وَتُرْوِيكَ وَتَظْمَأَ وَتُظِلَّكَ وَتَضْحَى وَتُنَعِّمَكَ بِبُؤْسِهَا وَتُلَذِّذَكَ بِالنَّوْمِ بِأَرَقِهَا وَكَانَ بَطْنُهَا لَكَ

وِعَاءً وَحِجْرُهَا لَكَ حِوَاءً وَثَدْيُهَا لَكَ سِقَاءً وَنَفْسُهَا لَكَ وِقَاءً تُبَاشِرُ حَرَّ الدُّنْيَا وَبَرْدَهَا لَكَ وَدُونَكَ فَتَشْكُرُهَا عَلَى قَدْرِ ذَلِكَ وَلَا تَقْدِرُ عَلَيْهِ إِلَّا بِعَوْنِ اللهِ وَتَوْفِيقِهِ.

21 وَأَمَّا حَقُّ أَبِيكَ فَتَعْلَمُ أَنَّهُ أَصْلُكَ وَأَنَّكَ فَرْعُهُ وَأَنَّكَ لَوْلَاهُ لَمْ تَكُنْ فَمَهْمَا رَأَيْتَ فِي نَفْسِكَ مِمَّا يُعْجِبُكَ فَاعْلَمْ أَنَّ أَبَاكَ أَصْلُ النِّعْمَةِ عَلَيْكَ فِيهِ وَاحْمَدِ اللهَ وَاشْكُرْهُ عَلَى قَدْرِ ذَلِكَ وَلَا قُوَّةَ إِلَّا بِاللهِ.

22 وَأَمَّا حَقُّ وَلَدِكَ فَتَعْلَمُ أَنَّهُ مِنْكَ وَمُضَافٌ إِلَيْكَ فِي عَاجِلِ الدُّنْيَا بِخَيْرِهِ وَشَرِّهِ وَأَنَّكَ مَسْئُولٌ عَمَّا وُلِّيتَهُ مِنْ حُسْنِ الْأَدَبِ وَالدَّلَالَةِ عَلَى رَبِّهِ وَ الْمَعُونَةِ لَهُ عَلَى طَاعَتِهِ فِيكَ وَفِي نَفْسِهِ فَمُثَابٌ عَلَى ذَلِكَ وَ مُعَاقَبٌ فَاعْمَلْ فِي أَمْرِهِ عَمَلَ الْمُتَزَيِّنِ بِحُسْنِ أَثَرِهِ عَلَيْهِ فِي عَاجِلِ الدُّنْيَا الْمُعَذِّرِ إِلَى رَبِّهِ فِيمَا بَيْنَكَ وَبَيْنَهُ بِحُسْنِ الْقِيَامِ عَلَيْهِ وَالْأَخْذِ لَهُ مِنْهُ وَلَا قُوَّةَ إِلَّا بِاللهِ.

23 وَأَمَّا حَقُّ أَخِيكَ فَتَعْلَمُ أَنَّهُ يَدُكَ الَّتِي تَبْسُطُهَا وَظَهْرُكَ الَّذِي تَلْتَجِي إِلَيْهِ وَعِزُّكَ الَّذِي تَعْتَمِدُ عَلَيْهِ وَقُوَّتُكَ الَّتِي تَصُولُ بِهَا فَلَا تَتَّخِذْهُ سِلَاحاً عَلَى مَعْصِيَةِ اللهِ وَلَا عُدَّةً لِلظُّلْمِ بِخَلْقِ اللهِ وَلَا تَدَعْ نُصْرَتَهُ عَلَى نَفْسِهِ وَمَعُونَتَهُ عَلَى عَدُوِّهِ وَالْحَوْلَ بَيْنَهُ وَبَيْنَ شَيَاطِينِهِ وَتَأْدِيَةَ النَّصِيحَةِ إِلَيْهِ وَالْإِقْبَالَ عَلَيْهِ فِي اللهِ فَإِنِ انْقَادَ لِرَبِّهِ وَأَحْسَنَ الْإِجَابَةَ لَهُ وَإِلَّا فَلْيَكُنِ اللهُ آثَرَ عِنْدَكَ وَأَكْرَمَ عَلَيْكَ مِنْهُ.

24 حُقُوقُ الناس، وَأَمَّا حَقُّ الْمُنْعِمِ عَلَيْكَ بِالْوَلَاءِ فَأَنْ تَعْلَمَ أَنَّهُ أَنْفَقَ فِيكَ مَالَهُ وَأَخْرَجَكَ مِنْ ذُلِّ الرِّقِّ وَوَحْشَتِهِ إِلَى عِزِّ الْحُرِّيَّةِ وَأُنْسِهَا وَأَطْلَقَكَ مِنْ أَسْرِ الْمَلَكَةِ وَفَكَّ عَنْكَ حَلَقَ الْعُبُودِيَّةِ وَأَوْجَدَكَ رَائِحَةَ الْعِزِّ وَأَخْرَجَكَ مِنْ سِجْنِ الْقَهْرِ وَدَفَعَ عَنْكَ الْعُسْرَ وَبَسَطَ لَكَ لِسَانَ الْإِنْصَافِ وَأَبَاحَكَ الدُّنْيَا كُلَّهَا فَمَلَّكَكَ نَفْسَكَ وَ حَلَّ أَسْرَكَ وَ فَرَّغَكَ لِعِبَادَةِ رَبِّكَ وَ احْتَمَلَ بِذَلِكَ التَّقْصِيرَ فِي مَالِهِ فَتَعْلَمَ أَنَّهُ أَوْلَى الْخَلْقِ بِكَ بَعْدَ أُولِي رَحِمِكَ فِي حَيَاتِكَ وَ مَوْتِكَ وَ أَحَقُّ الْخَلْقِ بِنَصْرِكَ وَ مَعُونَتِكَ وَ مُكَانَفَتِكَ فِي ذَاتِ اللهِ فَلَا تُؤْثِرْ عَلَيْهِ نَفْسَكَ مَا احْتَاجَ إِلَيْكَ أَبَداً.

25 وَأَمَّا حَقُّ مَوْلَاكَ الْجَارِيَةِ عَلَيْهِ نِعْمَتُكَ فَأَنْ تَعْلَمَ أَنَّ اللهَ جَعَلَكَ حَامِيَةً عَلَيْهِ وَوَاقِيَةً وَنَاصِراً وَمَعْقِلاً وَجَعَلَهُ لَكَ وَسِيلَةً وَسَبَباً بَيْنَكَ وَبَيْنَهُ فَبِالْحَرِيِّ أَنْ يَحْجُبَكَ عَنِ النَّارِ فَيَكُونَ فِي ذَلِكَ ثَوَابُكَ مِنْهُ فِي الْآجِلِ وَيَحْكُمَ لَكَ

بِمِيرَاثِهِ فِي الْعَاجِلِ إِذَا لَمْ يَكُنْ لَهُ رَحِمٌ مُكَافَاةً لِمَا أَنْفَقْتَهُ مِنْ مَالِكَ عَلَيْهِ وَقُمْتَ بِهِ مِنْ حَقِّهِ بَعْدَ إِنْفَاقِ مَالِكَ فَإِنْ لَمْ تَخَفْهُ خِيفَ عَلَيْكَ أَنْ لَا يَطِيبَ لَكَ مِيرَاثُهُ وَلا قُوَّةَ إِلَّا بِاللَّهِ.

26 وَأَمَّا حَقُّ ذِي الْمَعْرُوفِ عَلَيْكَ فَأَنْ تَشْكُرَهُ وَتَذْكُرَ مَعْرُوفَهُ وَتَنْشُرَ بِهِ الْقَالَةَ الْحَسَنَةَ وَتُخْلِصَ لَهُ الدُّعَاءَ فِيمَا بَيْنَكَ وَبَيْنَ اللهِ سُبْحَانَهُ فَإِنَّكَ إِذَا فَعَلْتَ ذَلِكَ كُنْتَ قَدْ شَكَرْتَهُ سِرّاً وَعَلَانِيَةً ثُمَّ إِنْ أَمْكَنَكَ مُكَافَاتُهُ بِالْفِعْلِ كَافَأْتَهُ وَإِلَّا كُنْتَ مُرْصِداً لَهُ مُوَطِّناً نَفْسَكَ عَلَيْهَا.

27 وَأَمَّا حَقُّ الْمُؤَذِّنِ فَأَنْ تَعْلَمَ أَنَّهُ مُذَكِّرُكَ بِرَبِّكَ وَدَاعِيكَ إِلَى حَظِّكَ وَأَفْضَلُ أَعْوَانِكَ عَلَى قَضَاءِ الْفَرِيضَةِ الَّتِي افْتَرَضَهَا اللَّهُ عَلَيْكَ فَتَشْكُرَهُ عَلَى ذَلِكَ شُكْرَكَ لِلْمُحْسِنِ إِلَيْكَ، وَإِنْ كُنْتَ فِي بَيْتِكَ مُتَّهَماً لِذَلِكَ لَمْ تَكُنْ لِلَّهِ فِي أَمْرِهِ مُتَّهِماً وَعَلِمْتَ أَنَّهُ نِعْمَةٌ مِنَ اللهِ عَلَيْكَ لَا شَكَّ فِيهَا فَأَحْسِنْ صُحْبَةَ نِعْمَةِ اللَّهِ بِحَمْدِ اللهِ عَلَيْهَا عَلَى كُلِّ حَالٍ وَ لا قُوَّةَ إِلَّا بِاللَّهِ.

28 وَأَمَّا حَقُّ إِمَامِكَ فِي صَلَاتِكَ فَأَنْ تَعْلَمَ أَنَّهُ قَدْ تَقَلَّدَ السِّفَارَةَ فِيمَا بَيْنَكَ وَبَيْنَ اللهِ وَالْوِفَادَةَ إِلَى رَبِّكَ وَتَكَلَّمَ عَنْكَ وَلَمْ تَتَكَلَّمْ عَنْهُ وَدَعَا لَكَ وَلَمْ تَدْعُ لَهُ وَطَلَبَ فِيكَ وَلَمْ تَطْلُبْ فِيهِ وَكَفَاكَ هَمَّ الْمُقَامِ بَيْنَ يَدَي اللهِ وَالْمَسْأَلَةَ لَهُ فِيكَ وَلَمْ تَكْفِهِ ذَلِكَ فَإِنْ كَانَ فِي شَيْءٍ مِنْ ذَلِكَ تَقْصِيرٌ كَانَ بِهِ دُونَكَ وَإِنْ كَانَ آثِماً لَمْ تَكُنْ شَرِيكَهُ فِيهِ وَلَمْ يَكُنْ لَكَ عَلَيْهِ فَضْلٌ فَوَقَى نَفْسَكَ بِنَفْسِهِ وَوَقَى صَلَاتَكَ بِصَلَاتِهِ فَتَشْكُرُ لَهُ عَلَى ذَلِكَ وَلَا حَوْلَ وَلَا قُوَّةَ إِلَّا بِاللَّهِ.

29 وَأَمَّا حَقُّ الْجَلِيسِ فَأَنْ تُلِينَ لَهُ كَنَفَكَ وَتُطِيبَ لَهُ جَانِبَكَ وَتُنْصِفَهُ فِي مُجَارَاةِ اللَّفْظِ وَلَا تُغْرِقَ فِي نَزْعِ اللَّحْظِ إِذَا لَحَظْتَ وَتَقْصِدَ فِي اللَّفْظِ إِلَى إِفْهَامِهِ إِذَا لَفَظْتَ وَإِنْ كُنْتَ الْجَلِيسَ إِلَيْهِ كُنْتَ فِي الْقِيَامِ عَنْهُ بِالْخِيَارِ وَإِنْ كَانَ الْجَالِسَ إِلَيْكَ كَانَ بِالْخِيَارِ وَلَا تَقُومَ إِلَّا بِإِذْنِهِ وَلا قُوَّةَ إِلَّا بِاللَّهِ.

30 وَأَمَّا حَقُّ الْجَارِ فَحِفْظُهُ غَائِباً وَكَرَامَتُهُ شَاهِداً وَنُصْرَتُهُ وَ مَعُونَتُهُ فِي الْحَالَيْنِ جَمِيعاً لَا تَتَبَّعْ لَهُ عَوْرَةً وَلَا تَبْحَثْ لَهُ عَنْ سَوْأَةٍ لِتَعْرِفَهَا فَإِنْ عَرَفْتَهَا مِنْهُ مِنْ غَيْرِ إِرَادَةٍ مِنْكَ وَلَا تَكَلُّفٍ كُنْتَ لِمَا عَلِمْتَ حِصْناً حَصِيناً وَسِتْراً سَتِيراً لَوْ بَحَثَتِ الْأَسِنَّةُ عَنْهُ ضَمِيراً لَمْ تَتَّصِلْ إِلَيْهِ لِانْطِوَائِهِ عَلَيْهِ لَا تَسْتَمِعْ عَلَيْهِ مِنْ حَيْثُ لَا يَعْلَمُ لَا تُسْلِمْهُ عِنْدَ شَدِيدَةٍ

وَلَا تَحْسُدْهُ عِنْدَ نِعْمَةٍ تُقِيلُهُ عَثْرَتَهُ وَتَغْفِرُ زَلَّتَهُ وَلَا تَدْخَرْ حِلْمَكَ عَنْهُ إِذَا جَهِلَ عَلَيْكَ وَلَا تَخْرُجْ أَنْ تَكُونَ سِلْماً لَهُ تَرُدُّ عَنْهُ لِسَانَ الشَّتِيمَةِ وَتُبْطِلُ فِيهِ كَيْدَ حَامِلِ النَّصِيحَةِ وَتُعَاشِرُهُ مُعَاشَرَةً كَرِيمَةً وَلَا حَوْلَ وَلَا قُوَّةَ إِلَّا بِاللَّهِ.

31 وَأَمَّا حَقُّ الصَّاحِبِ فَأَنْ تَصْحَبَهُ بِالْفَضْلِ مَا وَجَدْتَ إِلَيْهِ سَبِيلًا وَإِلَّا فَلَا أَقَلَّ مِنَ الْإِنْصَافِ وَأَنْ تُكْرِمَهُ كَمَا يُكْرِمُكَ وَتَحْفَظَهُ كَمَا يَحْفَظُكَ وَلَا يَسْبِقَكَ فِيمَا بَيْنَكَ وَبَيْنَهُ إِلَى مَكْرُمَةٍ فَإِنْ سَبَقَكَ كَافَأْتَهُ وَلَا تُقَصِّرَ بِهِ عَمَّا يَسْتَحِقُّ مِنَ الْمَوَدَّةِ تُلْزِمُ نَفْسَكَ نَصِيحَتَهُ وَحِيَاطَتَهُ وَمُعَاضَدَتَهُ عَلَى طَاعَةِ رَبِّهِ وَمَعُونَتَهُ عَلَى نَفْسِهِ فِيمَا يَهُمُّ بِهِ مِنْ مَعْصِيَةِ رَبِّهِ ثُمَّ تَكُونُ عَلَيْهِ رَحْمَةً وَ لَا تَكُونُ عَلَيْهِ عَذَاباً وَلَا قُوَّةَ إِلَّا بِاللَّهِ وَأَمَّا حَقُّ الشَّرِيكِ فَإِنْ غَابَ كَفَيْتَهُ وَإِنْ حَضَرَ سَاوَيْتَهُ لَا تَعْزِمْ عَلَى حُكْمِكَ دُونَ حُكْمِهِ وَلَا تَعْمَلْ بِرَأْيِكَ دُونَ مُنَاظَرَتِهِ تَحْفَظُ عَلَيْهِ مَالَهُ وَتَنْفِي عَنْهُ خِيَانَتَهُ فِيمَا عَزَّ أَوْ هَانَ فَإِنَّهُ بَلَغَنَا أَنَّ يَدَ اللَّهِ عَلَى الشَّرِيكَيْنِ مَا لَمْ يَتَخَاوَنَا وَلَا قُوَّةَ إِلَّا بِاللَّهِ.

32 وَأَمَّا حَقُّ الْمَالِ فَأَنْ لَا تَأْخُذَهُ إِلَّا مِنْ حِلِّهِ وَلَا تُنْفِقَهُ إِلَّا فِي حِلِّهِ وَلَا تُحَرِّفَهُ عَنْ مَوَاضِعِهِ وَلَا تَصْرِفَهُ عَنْ حَقَائِقِهِ وَلَا تَجْعَلَهُ إِذَا كَانَ مِنَ اللَّهِ إِلَّا إِلَيْهِ وَسَبَباً إِلَى اللَّهِ وَلَا تُؤْثِرَ بِهِ عَلَى نَفْسِكَ مَنْ لَعَلَّهُ لَا يَحْمَدُكَ وَبِالْحَرِيِّ أَنْ لَا يُحْسِنَ خِلَافَتَكَ فِي تَرِكَتِكَ وَلَا يَعْمَلَ فِيهِ بِطَاعَةِ رَبِّكَ فَتَكُونَ مُعِيناً لَهُ عَلَى ذَلِكَ أَوْ بِمَا أَحْدَثَ فِي مَالِكَ أَحْسَنَ نَظَراً لِنَفْسِهِ فَيَعْمَلُ بِطَاعَةِ رَبِّهِ فَيَذْهَبُ بِالْغَنِيمَةِ وَتَبُوءُ بِالْإِثْمِ وَالْحَسْرَةِ وَالنَّدَامَةِ مَعَ التَّبِعَةِ وَلَا قُوَّةَ إِلَّا بِاللَّهِ.

33 وَأَمَّا حَقُّ الْغَرِيمِ الطَّالِبِ لَكَ فَإِنْ كُنْتَ مُوسِراً أَوْفَيْتَهُ وَكَفَيْتَهُ وَأَغْنَيْتَهُ وَلَمْ تَرُدَّهُ وَتَمْطُلْهُ فَإِنَّ رَسُولَ اللَّهِ قَالَ مَطْلُ الْغَنِيِّ ظُلْمٌ وَإِنْ كُنْتَ مُعْسِراً أَرْضَيْتَهُ بِحُسْنِ الْقَوْلِ وَطَلَبْتَ إِلَيْهِ طَلَباً جَمِيلًا وَرَدَدْتَهُ عَنْ نَفْسِكَ رَدّاً لَطِيفاً وَلَمْ تَجْمَعْ عَلَيْهِ ذَهَابَ مَالِهِ وَسُوءَ مُعَامَلَتِهِ فَإِنَّ ذَلِكَ لُؤْمٌ وَلَا قُوَّةَ إِلَّا بِاللَّهِ.

34 وَأَمَّا حَقُّ الْخَلِيطِ فَأَنْ لَا تَغُرَّهُ وَلَا تَغُشَّهُ وَلَا تَكْذِبَهُ وَلَا تُغْفِلَهُ وَلَا تَخْدَعَهُ وَلَا تَعْمَلَ فِي انْتِقَاضِهِ عَمَلَ الْعَدُوِّ الَّذِي لَا يَبْقَى عَلَى صَاحِبِهِ وَإِنِ اطْمَأَنَّ إِلَيْكَ اسْتَقْصَيْتَ لَهُ عَلَى نَفْسِكَ وَعَلِمْتَ أَنَّ غَبْنَ الْمُسْتَرْسِلِ رِباً وَلَا قُوَّةَ إِلَّا بِاللَّهِ.

35 وَأَمَّا حَقُّ الْخَصْمِ الْمُدَّعِي عَلَيْكَ فَإِنْ كَانَ مَا يَدَّعِي عَلَيْكَ حَقّاً لَمْ تَنفَسِخْ فِي حُجَّتِهِ وَلَمْ تَعْمَلْ فِي إِبْطَالِ دَعْوَتِهِ وَكُنْتَ خَصْمَ نَفْسِكَ لَهُ وَالْحَاكِمَ عَلَيْهَا وَالشَّاهِدَ لَهُ بِحَقِّهِ دُونَ شَهَادَةِ الشُّهُودِ وَإِنْ كَانَ مَا يَدَّعِيهِ بَاطِلًا رَفَقْتَ بِهِ وَرَوَّعْتَهُ وَنَاشَدْتَهُ بِدِينِهِ وَكَسَرْتَ حِدَّتَهُ عَنْكَ بِذِكْرِ اللَّهِ وَأَلْقَيْتَ حَشْوَ الْكَلَامِ وَلَفْظَةَ السُّوءِ الَّذِي لَا يَرُدُّ عَنْكَ عَادِيَةَ عَدُوِّكَ بَلْ تَبُوءُ بِإِثْمِهِ وَبِهِ يَشْحَذُ عَلَيْكَ سَيْفَ عَدَاوَتِهِ لِأَنَّ لَفْظَةَ السُّوءِ تَبْعَثُ الشَّرَّ وَالْخَيْرُ مَقْمَعَةٌ لِلشَّرِّ وَلَا قُوَّةَ إِلَّا بِاللَّهِ.

36 وَأَمَّا حَقُّ الْمُسْتَشِيرِ فَإِنْ حَضَرَكَ لَهُ وَجْهُ رَأْيٍ جَهَدْتَ لَهُ فِي النَّصِيحَةِ وَأَشَرْتَ عَلَيْهِ بِمَا تَعْلَمُ أَنَّكَ لَوْ كُنْتَ مَكَانَهُ عَمِلْتَ بِهِ وَذَلِكَ لِيَكُنْ مِنْكَ فِي رَحْمَةٍ وَلِينٍ فَإِنَّ اللِّينَ يُونِسُ الْوَحْشَةَ وَإِنَّ الْغِلَظَ يُوحِشُ مِنْ مَوْضِعِ الْأُنْسِ وَإِنْ لَمْ يَحْضُرْكَ لَهُ رَأْيٌ وَعَرَفْتَ لَهُ مَنْ تَثِقُ بِرَأْيِهِ وَتَرْضَى بِهِ لِنَفْسِكَ دَلَلْتَهُ عَلَيْهِ وَأَرْشَدْتَهُ إِلَيْهِ فَكُنْتَ لَمْ تَأْلُهُ خَيْراً وَلَمْ تَدَّخِرْهُ نُصْحاً وَلَا حَوْلَ وَلَا قُوَّةَ إِلَّا بِاللَّهِ.

37 وَأَمَّا حَقُّ الْمُشِيرِ عَلَيْكَ فَلَا تَتَّهِمْهُ فِيمَا يُوَافِقُكَ عَلَيْهِ مِنْ رَأْيِهِ إِذَا أَشَارَ عَلَيْكَ فَإِنَّمَا هِيَ الْآرَاءُ وَتَصَرُّفُ النَّاسِ فِيهَا وَاخْتِلَافُهُمْ فَكُنْ عَلَيْهِ فِي رَأْيِهِ بِالْخِيَارِ إِذَا اتَّهَمْتَ رَأْيَهُ فَأَمَّا تُهَمَتُهُ فَلَا تَجُوزُ لَكَ إِذَا كَانَ عِنْدَكَ مِمَّنْ يَسْتَحِقُّ الْمُشَاوَرَةَ وَلَا تَدَعْ شُكْرَهُ عَلَى مَا بَدَا لَكَ مِنْ إِشْخَاصِ رَأْيِهِ وَحُسْنِ وَجْهِ مَشُورَتِهِ فَإِذَا وَافَقَكَ حَمِدْتَ اللَّهَ وَقَبِلْتَ ذَلِكَ مِنْ أَخِيكَ بِالشُّكْرِ وَالْإِرْصَادِ بِالْمُكَافَاةِ فِي مِثْلِهَا إِنْ فَزِعَ إِلَيْكَ وَلَا قُوَّةَ إِلَّا بِاللَّهِ.

38 وَأَمَّا حَقُّ الْمُسْتَنْصِحِ فَإِنَّ حَقَّهُ أَنْ تُؤَدِّيَ إِلَيْهِ النَّصِيحَةَ عَلَى الْحَقِّ الَّذِي تَرَى لَهُ أَنْ يَحْمِلَ وَيَخْرُجَ الْمَخْرَجَ الَّذِي يَلِينُ عَلَى مَسَامِعِهِ وَتُكَلِّمَهُ مِنَ الْكَلَامِ بِمَا يُطِيقُهُ عَقْلُهُ فَإِنَّ لِكُلِّ عَقْلٍ طَبَقَةً مِنَ الْكَلَامِ يَعْرِفُهُ وَيَجْتَنِبُهُ وَلْيَكُنْ مَذْهَبُكَ الرَّحْمَةَ وَلَا قُوَّةَ إِلَّا بِاللَّهِ.

39 وَأَمَّا حَقُّ النَّاصِحِ فَأَنْ تُلِينَ لَهُ جَنَاحَكَ ثُمَّ تَشْرَئِبَّ لَهُ قَلْبَكَ وَتَفْتَحَ لَهُ سَمْعَكَ حَتَّى تَفْهَمَ عَنْهُ نَصِيحَتَهُ ثُمَّ تَنْظُرَ فِيهَا فَإِنْ كَانَ وُفِّقَ فِيهَا لِلصَّوَابِ حَمِدْتَ اللَّهَ عَلَى ذَلِكَ وَقَبِلْتَ مِنْهُ وَعَرَفْتَ لَهُ نَصِيحَتَهُ وَإِنْ لَمْ يَكُنْ وُفِّقَ لَهَا فِيهَا رَحِمْتَهُ وَلَمْ تَتَّهِمْهُ وَعَلِمْتَ أَنَّهُ لَمْ يَأْلُكَ نُصْحاً إِلَّا أَنَّهُ أَخْطَأَ إِلَّا أَنْ يَكُونَ عِنْدَكَ مُسْتَحِقّاً لِلتُّهَمَةِ فَلَا تَعْنِي بِشَيْءٍ مِنْ أَمْرِهِ عَلَى كُلِّ حَالٍ وَلَا قُوَّةَ إِلَّا بِاللَّهِ.

40 وَأَمَّا حَقُّ الْكَبِيرِ فَإِنَّ حَقَّهُ تَوْقِيرُ لِسِنِّهِ وَإِجْلَالُ إِسْلَامِهِ إِذَا كَانَ مِنْ أَهْلِ الْفَضْلِ فِي الْإِسْلَامِ بِتَقْدِيمِهِ فِيهِ وَتَرْكُ مُقَابَلَتِهِ عِنْدَ الْخِصَامِ لَا تَسْبِقْهُ إِلَى طَرِيقٍ وَلَا تَؤُمُّهُ فِي طَرِيقٍ وَلَا تَسْتَجْهِلْهُ وَ إِنْ جَهِلَ عَلَيْكَ تَحَمَّلْتَ وَأَكْرَمْتَهُ بِحَقِّ إِسْلَامِهِ مَعَ سِنِّهِ فَإِنَّمَا حَقُّ السِّنِّ بِقَدْرِ الْإِسْلَامِ وَلا قُوَّةَ إِلَّا بِاللَّهِ.

41 وَأَمَّا حَقُّ الصَّغِيرِ فَرَحْمَتُهُ وَتَثْقِيفُهُ وَتَعْلِيمُهُ وَالْعَفْوُ عَنْهُ وَالسَّتْرُ عَلَيْهِ وَالرِّفْقُ بِهِ وَالْمَعُونَةُ لَهُ وَالسَّتْرُ عَلَى جَرَائِرِ حَدَاثَتِهِ فَإِنَّهُ سَبَبٌ لِلتَّوْبَةِ وَالْمُدَارَاةُ لَهُ وَتَرْكُ مُمَاحَكَتِهِ فَإِنَّ ذَلِكَ أَدْنَى لِرُشْدِهِ.

42 وَأَمَّا حَقُّ السَّائِلِ فَإِعْطَاؤُهُ إِذَا تَهَيَّأَتْ صَدَقَةٌ وَقَدَرْتَ عَلَى سَدِّ حَاجَتِهِ وَالدُّعَاءُ لَهُ فِيمَا نَزَلَ بِهِ وَالْمُعَاوَنَةُ لَهُ عَلَى طَلِبَتِهِ وَإِنْ شَكَكْتَ فِي صِدْقِهِ وَسَبَقَتْ إِلَيْهِ التُّهَمَةُ لَهُ لَمْ تَعْزِمْ عَلَى ذَلِكَ وَلَمْ تَأْمَنْ أَنْ يَكُونَ مِنْ كَيْدِ الشَّيْطَانِ أَرَادَ أَنْ يَصُدَّكَ عَنْ حَظِّكَ وَيَحُولَ بَيْنَكَ وَبَيْنَ التَّقَرُّبِ إِلَى رَبِّكَ وَتَرَكْتَهُ بِسَتْرِهِ وَرَدَدْتَهُ رَدّاً جَمِيلًا وَإِنْ غَلَبَتْ نَفْسُكَ فِي أَمْرِهِ وَأَعْطَيْتَهُ عَلَى مَا عَرَضَ فِي نَفْسِكَ مِنْهُ فَإِنَّ ذَلِكَ مِنْ عَزْمِ الْأُمُورِ.

43 وَأَمَّا حَقُّ الْمَسْئُولِ إِنْ أَعْطَى فَاقْبَلْ مِنْهُ مَا أَعْطَى بِالشُّكْرِ لَهُ وَالْمَعْرِفَةِ لِفَضْلِهِ وَاطْلُبْ وَجْهَ الْعُذْرِ فِي مَنْعِهِ وَأَحْسِنْ بِهِ الظَّنَّ وَاعْلَمْ أَنَّهُ إِنْ مَنَعَ مَالَهُ مَنَعَ وَأَنْ لَيْسَ التَّثْرِيبُ فِي مَالِهِ وَإِنْ كَانَ ظَالِماً فَإِنَّ الْإِنْسَانَ لَظَلُومٌ كَفَّارٌ.

44 وَأَمَّا حَقُّ مَنْ سَرَّكَ اللَّهُ بِهِ وَعَلَى يَدَيْهِ فَإِنْ كَانَ تَعَمَّدَهَا لَكَ حَمِدْتَ اللَّهَ أَوَّلًا ثُمَّ شَكَرْتَهُ عَلَى ذَلِكَ بِقَدْرِهِ فِي مَوْضِعِ الْجَزَاءِ وَكَافَأْتَهُ عَلَى فَضْلِ الِابْتِدَاءِ وَأَرْصَدْتَ لَهُ الْمُكَافَاةَ وَإِنْ لَمْ يَكُنْ تَعَمَّدَهَا حَمِدْتَ اللَّهَ وَشَكَرْتَهُ وَعَلِمْتَ أَنَّهُ مِنْهُ تَوَحَّدَكَ بِهَا وَأَحْبَبْتَ هَذَا إِذْ كَانَ سَبَباً مِنْ أَسْبَابِ نِعَمِ اللَّهِ عَلَيْكَ وَتَرْجُو لَهُ بَعْدَ ذَلِكَ خَيْراً فَإِنَّ أَسْبَابَ النِّعَمِ بَرَكَةٌ حَيْثُ مَا كَانَتْ وَإِنْ كَانَ لَمْ يَتَعَمَّدْ وَلَا قُوَّةَ إِلَّا بِاللَّهِ.

45 وَأَمَّا حَقُّ مَنْ سَاءَكَ الْقَضَاءُ عَلَى يَدَيْهِ بِقَوْلٍ أَوْ فِعْلٍ فَإِنْ كَانَ تَعَمَّدَهَا كَانَ الْعَفْوُ أَوْلَى بِكَ لِمَا فِيهِ لَهُ مِنَ الْقَمْعِ وَحُسْنِ الْأَدَبِ مَعَ كَثِيرِ أَمْثَالِهِ مِنَ الْخَلْقِ فَإِنَّ اللَّهَ يَقُولُ وَلَمَنِ انْتَصَرَ بَعْدَ ظُلْمِهِ فَأُولَئِكَ ما عَلَيْهِمْ مِنْ سَبِيلٍ إِلَى قَوْلِهِ لَمِنْ عَزْمِ الْأُمُورِ وَقَالَ عَزَّ وَجَلَّ وَإِنْ عاقَبْتُمْ فَعاقِبُوا بِمِثْلِ ما عُوقِبْتُمْ بِهِ وَلَئِنْ صَبَرْتُمْ لَهُوَ خَيْرٌ لِلصَّابِرِينَ

هَذَا فِي الْعَمْدِ فَإِنْ لَمْ يَكُنْ عَمْداً لَمْ تَظْلِمْهُ بِتَعَمُّدِ الِانْتِصَارِ مِنْهُ فَتَكُونَ قَدْ كَافَأْتَهُ فِي تَعَمُّدٍ عَلَى خَطَاءٍ وَرَفَقْتَ بِهِ وَ رَدَدْتَهُ بِأَلْطَفِ مَا تَقْدِرُ عَلَيْهِ وَلا قُوَّةَ إِلَّا بِاللَّهِ.

46 وَأَمَّا حَقُّ أَهْلِ مِلَّتِكَ فَإِضْمَارُ السَّلَامَةِ وَنَشْرُ جَنَاحِ الرَّحْمَةِ وَالرِّفْقُ بِمُسِيئِهِمْ وَتَأَلُّفُهُمْ وَاسْتِصْلَاحُهُمْ وَشُكْرُ مُحْسِنِهِمْ إِلَى نَفْسِهِ وَإِلَيْكَ فَإِنَّ إِحْسَانَهُ إِلَى نَفْسِهِ إِحْسَانُهُ إِلَيْكَ إِذَا كَفَّ عَنْكَ أَذَاهُ وَكَفَاكَ مَئُونَتَهُ وَحَبَسَ عَنْكَ نَفْسَهُ فَعُمَّهُمْ جَمِيعاً بِدَعْوَتِكَ وَانْصُرْهُمْ جَمِيعاً بِنُصْرَتِكَ وَأَنْزِلْهُمْ جَمِيعاً مِنْكَ مَنَازِلَهُمْ كَبِيرَهُمْ بِمَنْزِلَةِ الْوَالِدِ وَصَغِيرَهُمْ بِمَنْزِلَةِ الْوَلَدِ وَأَوْسَطَهُمْ بِمَنْزِلَةِ الْأَخِ فَمَنْ أَتَاكَ تَعَاهَدْتَهُ بِلُطْفٍ وَرَحْمَةٍ وَصِلْ أَخَاكَ بِمَا يَجِبُ لِلْأَخِ عَلَى أَخِيهِ.

47 وَأَمَّا حَقُّ أَهْلِ الذِّمَّةِ فَالْحُكْمُ فِيهِمْ أَنْ تَقْبَلَ مِنْهُمْ مَا قَبِلَ اللَّهُ وَتَفِيَ بِمَا جَعَلَ اللَّهُ لَهُمْ مِنْ ذِمَّتِهِ وَعَهْدِهِ وَ تَكِلَهُمْ إِلَيْهِ فِيمَا طُلِبُوا مِنْ أَنْفُسِهِمْ وَأُجْبِرُوا عَلَيْهِ وَتَحْكُمَ فِيهِمْ بِمَا حَكَمَ اللَّهُ بِهِ عَلَى نَفْسِكَ فِيمَا جَرَى بَيْنَكَ وَبَيْنَهُمْ مِنْ مُعَامَلَةٍ وَلْيَكُنْ بَيْنَكَ وَبَيْنَ ظُلْمِهِمْ مِنْ رِعَايَةِ ذِمَّةِ اللَّهِ وَالْوَفَاءِ بِعَهْدِهِ وَعَهْدِ رَسُولِهِ حَائِلٌ فَإِنَّهُ بَلَغَنَا أَنَّهُ قَالَ مَنْ ظَلَمَ مُعَاهَداً كُنْتُ خَصْمَهُ فَاتَّقِ اللَّهَ وَلَا حَوْلَ وَلَا قُوَّةَ إِلَّا بِاللَّهِ فَهَذِهِ خَمْسُونَ حَقّاً مُحِيطَةً بِكَ لَا تَخْرُجُ مِنْهَا فِي حَالٍ مِنَ الْأَحْوَالِ يَجِبُ عَلَيْكَ رِعَايَتُهَا وَالْعَمَلُ فِي تَأْدِيَتِهَا وَالِاسْتِعَانَةُ بِاللَّهِ جَلَّ ثَنَاؤُهُ عَلَى ذَلِكَ وَلَا حَوْلَ وَلَا قُوَّةَ إِلَّا بِاللَّهِ وَالْحَمْدُ لِلَّهِ رَبِّ الْعَالَمِينَ.

Persian Translation from the Original Arabic Text

رسالهی حقوق

بدان - خدایت رحمت کند - که خداوند بر تو حقوقی دارد که تو را در هر حرکت و سکونی که داری، احاطه کرده‌اند؛ چه آن را که به اراده انجام دهی، چه آن را که از روی سکون و آرامش باشد، چه منزلگاهی که در آن فرود آیی، یا عضوی از اعضایت را که به کارگیری، یا ابزاری که با آن تصرفی نمایی. برخی از این حقوق بزرگ‌تر از برخی دیگرند، و بزرگ‌ترین حقوق خداوند بر تو، آن حقی است که او برای خود واجب ساخته است - تبارک و تعالی - که اصل همه‌ی حقوق از آن نشأت می‌گیرد، و از آن دیگر حقوق منشعب می‌شوند. سپس حقی است که خداوند برای خودت بر تو واجب کرده است، از فرق سرت تا قدم پایت، بر اساس تفاوت اعضایت. پس برای دیدگانت بر تو حقی مقرر داشته است، و برای گوش‌هایت، و برای زبانت، و برای دست‌هایت، و برای پاهایت، و برای شکمت، و برای اندامت، حقی قرار داده است. این‌ها هفت عضوی هستند که با آن‌ها اعمال شکل می‌گیرند.

سپس خداوند - عزّوجلّ - برای اعمال تو نیز حقوقی قرار داده است: برای نمازت، روزه‌ات، صدقه‌ات، قربانی‌ات، و تمامی اعمالت بر تو حقی نهاده است. آنگاه این حقوق از تو به سوی دیگران سرایت می‌یابد، کسانی که حقوقی واجب بر تو دارند.

واجب‌ترین آن حقوق، حق امامان توست؛ سپس حقوق رعیت تو؛ آنگاه حقوق خویشاوندانت. این‌ها حقوقی هستند که از دل آن‌ها، حقوق دیگر منشعب می‌شوند.

حقوق امامانت سه‌گونه است: واجب‌ترین آن‌ها، حق کسی است که با قدرت و حکومت تو را تدبیر می‌کند؛ سپس کسی که با علم بر تو سیطره دارد؛ آنگاه کسی که با مالکیت بر تو ولایت دارد. هر مدبری، امامی است.

و حقوق رعیت تو نیز سه‌گونه است: واجب‌ترین آن‌ها، حق رعیتت در حوزه‌ی سلطنت و حکومت است؛ سپس حق رعیتت از جهت علم، چرا که نادان، رعیت داناست؛ و حق رعیتت در حوزه‌ی ملک، همچون همسران و بردگانت.

حقوق خویشاوندانت بسیار و در پیوند با میزان نزدیکی قرابت است. واجب‌ترین آن‌ها بر تو: حق مادرت است، سپس پدرت، سپس فرزندت، سپس برادرت، و پس از آن نزدیک‌ترین و نزدیک‌تر، و نخستین و نخست‌تر.

سپس: حق سرپرستِ نیکوکارِ تو، سپس حق کسی که نعمتش در دست تو جاری است؛ سپس حق کسی که بر تو نیکی کرده است؛ سپس حق مؤذن نمازت؛ سپس حق امام جماعتت؛ سپس حق همنشینت؛ سپس حق همسایه‌ات؛ سپس حق همراهت؛ سپس حق شریک‌ات؛ سپس حق دارایی‌ات؛ سپس حق بدهکاری که از او طلب داری؛ سپس حق طلبکاری که از تو طلب دارد؛ سپس حق همکار و هم‌پیمانت؛ سپس حق کسی که از تو شکایت دارد؛ سپس حق کسی که تو از او شکایت داری؛ سپس حق کسی که با تو مشورت می‌کند؛ سپس حق کسی که بر تو مشورت می‌دهد؛ سپس حق کسی که از تو نصیحت می‌طلبد؛ سپس حق کسی که به تو نصیحت می‌کند؛ سپس حق کسی که از تو بزرگ‌تر است؛ سپس حق کسی که از تو کوچک‌تر است؛ سپس حق کسی که از تو درخواست می‌کند؛ سپس حق کسی که تو از او درخواست کرده‌ای؛ سپس حق کسی که از طریق او آسیبی یا خیری به تو رسیده است، چه با گفتار، چه با کردار، چه از روی عمد، چه غیر عمد.

سپس: حق عموم اهل ملت تو؛ سپس حق اهل ذمه؛ وآنگاه حقوق تازه‌ای که بسته به علل حالات وجریان اسباب پیش می‌آیند.

پس خوشا به حال کسی که خداوند او را در ادای حقوقی که بر او واجب گردانیده، یاری کند، وتوفیق وراهنمایی‌اش دهد .

۱. حقّ خداوند بزرگ‌تر

حقّ خداوندِ بزرگ‌تر آن است که تنها او را بپرستی و هیچ چیز را با او شریک نسازی. و چون با اخلاص چنین کنی، خداوند بر خود واجب می‌گرداند که امور دنیا و آخرتت را کفایت کند و آنچه را از آن دو دوست داری، برایت نگاه دارد.

و اما حقّ نفس بر تو آن است که آن را در طاعت خداوند به‌کمال رسانی، پس حقّ زبانت را ادا کنی، و حقّ گوش و چشمت را، و همچنین حقّ دست و پایت را، و حقّ شکم و اندامت را، و از خداوند در این راه یاری جویی.

۲. حقّ زبان

آن است که آن را از گفتار ناپسند بازداری، و به گفتار نیکو عادت دهی، و با ادب نگاه داری، و جز در موارد نیاز و سود برای دین و دنیا، آن را در سکوت فروبری؛ و آن را از سخنان بیهوده و زننده که فایده اندک دارند و از زیانشان ایمنی نیست، بازداری.

زبان گواه خرد و نشانه آن است، و زیبایی عاقل در خرد اوست و حسن سیرت او در زبانش. و نیرو نیست مگر به خداوند بلندمرتبه و عظیم.

۳. حقّ گوش

آن است که آن را از شنیدن چیزی که راهی به سوی دلت می‌گشاید مگر آنکه سخنی شریف باشد که در دلت خیری پدید آورد یا خُلقی پسندیده به تو آموزد، بازداری.

زیرا گوش دروازه‌ی سخن به دل است، که معانی گوناگون خیر و شر از آن به دل می‌رسند. و نیرو نیست مگر به خداوند.

۴. حقّ چشم

آن است که آن را از نگاه به آنچه برایت حلال نیست، فروگیری، و آن را به کاری خوارکننده مشغول نسازی، مگر در جایی که موجب عبرت شود، یا بینش ببخشد، یا دانشی بیفزاید؛ که همانا دیدن، دروازه‌ی عبرت است.

۵. حقّ پاهایت

آن است که با آن‌ها به سوی آنچه برایت حلال نیست نروی، و آن‌ها را مرکب خود در راه‌هایی که اهل آن را سبک می‌شمارد، قرار ندهی؛ زیرا آن‌ها حامل تو هستند و تو را در راه دین و پیشی‌جویی به سوی آن می‌برند. و نیرو نیست مگر به خداوند.

۶. حقّ دستت

آن است که آن را به سوی آنچه برایت حلال نیست، دراز نکنی، مبادا با آنچه بدان دست یازی، در آخرت به عقوبت الهی گرفتار شوی و در دنیا به نکوهش مردمان. و نیز نباید آن را از انجام آنچه خداوند بر آن واجب کرده، بازداری؛ بلکه باید با توقیر از بسیاری

چیزهایی که برایش حلال نیست، دوری کند و به بسیاری چیزهایی که بر او واجب نیست، بگشاید؛ در این صورت دست، خردمند و گرامی گشته و در دنیا ارجمند، و در آخرت سزاوار پاداش نیکو خواهد شد.

۷. حق شکم

آن است که آن را ظرف حرام، کم یا زیاد، قرار ندهی، و در خوردن حلال نیز میانه‌روی کنی، و آن را از حدّ نیروبخشی بیرون نبری تا به سستی و از میان رفتن مردانگی بینجامد؛

زیرا سیری افراطی که به پرخوری انجامد، مایه‌ی تنبلی، سستی، و مانع هر خیر و کرامتی است؛ و نیز نوشیدن افراطی که به مستی انجامد، موجب سبکسری، نادانی و زوال مروّت است.

۸. حق اندام تناسلی

آن است که آن را از آنچه بر تو حلال نیست، حفظ کنی، و با فروبستن نگاه، از آن یاری جویی؛ زیرا این از نیرومندترین کمک‌هاست.

و نیز با تحمل گرسنگی و تشنگی، و یاد فراوان مرگ، و بیم‌دادن نفس به خداوند، و هشدار دادن آن به کیفر الهی، آن را کنترل کنی. و به خداوند است عصمت و یاری، و هیچ نیرو و توانی نیست جز به او.

۹. حق نماز

آن است که بدانی نماز، میهمانی‌ست به‌سوی خداوند، و تو با آن در برابر او ایستاده‌ای؛ و چون این را دانستی، شایسته‌ای که در آن حالتِ بنده‌ای خوار، مشتاق، ترسان، امیدوار، نیازمند، فروتن، بزرگ‌دارنده‌ی کسی باشی که در برابرش ایستاده‌ای، با آرامش، فرو افکندن نگاه، خشوع اعضا، نرمخویی، و نیکویی مناجات در دل، و خواستن از او برای رهایی جانت که گناهان بر آن چیره گشته و نابودش کرده‌اند. و نیرو نیست مگر به خداوند.

۱۰. حق روزه

آن است که بدانی روزه، پوششی است که خداوند بر زبانت، گوش و چشمت، فرج و شکمت قرار داده تا با آن تو را از آتش بپوشاند؛ چنان‌که در حدیث آمده: "روزه، سپری در برابر آتش است."

پس اگر اعضایت در این پوشش آرام گرفتند، امید آن داری که در آن محجوب باشی؛ و اگر آن‌ها را به اضطراب درآوری و پرده را بالا زنی و چشم به آنچه نباید بیندازی و نیرویت را از حد تقوای الهی بیرون ببری، بیم آن می‌رود که پرده را بدری و از آن بیرون روی. و نیرو نیست مگر به خداوند.

۱۱. و اما حق صدقه:

بدان که صدقه، اندوخته‌ای است برای تو نزد پروردگارت، و امانتی است که نیازی به شهادت خلق بر آن نیست. چون این را بدانی، پس آنچه را در خفا صدقه داده‌ای، به آن بیشتر اعتماد خواهی داشت تا آنچه را آشکارا دادی. و سزاوار آن خواهی بود که

آنچه را علناً اظهار کردی، در واقع به خداوند رازی سپرده باشی، و در هر حال، این امر میان تو و پروردگارت، سرّی باقی بماند. و نباید برای اثبات امانت، گوش‌ها و چشم‌های دیگران را شاهد بگیری، چنان‌که گویی چنین کاری را برای اطمینان بیشتر انجام می‌دهی، یا گویی به خداوند در بازگرداندن امانت خود اطمینان نداری. و نیز بر کسی منت مگذار، چرا که این کار، متعلق به خود توست؛ و اگر بر کسی منت نهادی، از ایمن بودن برکنار نخواهی بود که چنین کاری موجب تحقیر حال تو نزد کسی شود که بر او منت نهادی. زیرا این خود دلالت دارد بر آنکه نیت تو از صدقه، خودت نبوده‌ای؛ و اگر نیت تو برای خودت بود، هرگز بر آن منت نمی‌نهادی. و هیچ نیرویی نیست مگر به یاری خداوند.

۱۲. و اما حق هدیه:

این است که نیتت را خالصانه برای پروردگارت قرار دهی، و در پی رحمت و پذیرش او باشی، نه برای جلب توجه چشم بینندگان. پس اگر چنین کردی، نه ریاکار خواهی بود و نه متظاهر، بلکه مقصد تو تنها خداوند خواهد بود. بدان که خداوند با آسانی خواسته می‌شود، نه با سختی؛ همان‌گونه که در آفرینش خود، آسانی را خواسته و برای آنان دشواری را نخواسته است. پس فروتنی برای تو شایسته‌تر است از خودنمایی، چرا که در خودنمایان، زحمت و مشقت است، اما در فروتنی و مسکنت، نه زحمتی هست و نه مشقتی؛ زیرا این دو، با سرشت انسانی آمیخته‌اند و در طبیعت او وجود دارند. و هیچ نیرو و توانی نیست مگر به خداوند.

۱۳. حقوق امامان – و اما حق کسی که با قدرت بر تو حکومت دارد:

بدان که تو وسیله‌ای برای آزمون او شده‌ای، و او نیز در مورد تو مورد ابتلاست، بدان‌گونه که خداوند او را بر تو مسلط گردانیده است. پس در خیرخواهی برای او اخلاص بورز، و با او ستیزه مکن، که دست او بر تو گشوده است، و مبادا باعث نابودی خود و او شوی. فروتن باش و با نرمی و خوش‌رویی، رضایتی به او نشان ده که تو را از آسیب باز دارد و به دینت ضرری نرساند. در این کار از خدا کمک بجوی، و با او عناد و لجاجت نورز، که اگر چنین کنی، نه تنها به او ناسپاسی کرده‌ای، بلکه به خویشتن نیز جفا نموده‌ای و خود را در معرض ناخوشایند او قرار داده‌ای، و او را نیز به سبب تو در معرض هلاکت افکنده‌ای. و در این حال، شایسته آن خواهی بود که یاور او بر علیه خود باشی، و در آنچه بر تو آورده، شریک او شوی. و هیچ نیرو و توانی نیست مگر به خداوند.

۱۴. و اما حق کسی که با دانش تو را می‌پرورد:

بزرگ‌داشت اوست و احترام به مجلسش، و نیکو شنیدن سخنان او و توجه کامل به او. در یادگیری علمی که بی‌نیاز از آن نیستی، او را بر خویشتن یاری کن؛ بدین‌گونه که ذهن خود را برای او خالی سازی، فهم خویش را حاضر گردانی، دلت را برای دریافت سخنش پاک نمایی و چشم بصیرتت را به کمک ترک لذت‌ها و ترک شهوات، روشن کنی. و بدان که تو در آنچه او برای دیگران باز می‌گوید، چونان پیام‌آور اویی برای نادانان، و بر تو واجب است که آن را نیکو ادا کنی و در رساندن پیامش خیانت نورزی، چون آن را بر دوش گرفته‌ای. و هیچ نیرو و توانی نیست مگر به خداوند.

۱۵. و اما حق کسی که با مالکیت تو را می‌پرورد:

مانند حق کسی است که با سلطه تو را می‌پرورد، با این تفاوت که این یکی مالک چیزی است که آن دیگری مالک آن نیست. پس اطاعت او بر تو واجب است، در آنچه خرد و بزرگ در مورد توست، مگر آنکه اطاعتش تو را از حق خداوند بیرون برد. چرا که حق خدا، میان تو و میان حق او حائل است، و همچنین میان تو و حقوق خلق. پس هرگاه حق خدا را ادا کردی، به حق او بازگرد، و به آن اشتغال ورز. و هیچ نیرو و توانی نیست مگر به خداوند.

۱۶. حقوق رعیت

اما حق رعیت تو در مقام سلطنت، این است که بدانی تنها به سبب نیرویی که بر ایشان داری، خداوند تو را بر ایشان ولی و سرپرست قرار داده است. چراکه ضعف و ناتوانی ایشان، آنان را در جایگاه رعیت تو نهاده است؛ پس کسی که ضعف و خواری‌اش تو را از او کفایت کرده تا زیر فرمان تو آید و حکم تو بر او نافذ گردد، نه از سر عزت و قدرت می‌تواند از تو دوری جوید، و نه یاوری دارد که در برابر بزرگی مقام تو پشتیبانش باشد، جز خداوند.

پس بر توست که با رحمت، مراقبت و بردباری رفتار کنی. و شایسته‌ترین کسی که باید چنین باشد، تویی؛ اگر بدانی آن قدرت و عزتی که خداوند تو را بدان یاری کرد و با آن بر رعیت چیره شدی، نعمتی از جانب خداست، شایسته است شکرگزار خدا باشی. و کسی که شکر خدا گزارد، خداوند نعمتش را فزونی بخشد. و نیرویی نیست مگر به خداوند.

۱۷. حق رعیت از جهت علم

و اما حق رعیت تو به سبب علم، این است که بدانی خداوند تو را در آنچه از دانش به تو عطا فرموده، قیّم و سرپرست آنان قرار داده، و از گنجینه‌های حکمت، تو را ولیّ امر گردانیده است.

پس اگر در آنچه خداوند به تو سپرده، نیکو رفتار کردی و همانند خزانه‌داری مهربان و خیرخواه برای مولای خویش در میان بندگانش، بردبار و پاداش‌جوی، که چون نیازمندی را ببیند، از اموالی که در دست دارد با هدایت و خردمندی به او عطا کند، عمل کردی، و با امید و باور چنین رفتاری پیش گرفتی، شایسته و مورد ستایش خواهی بود.

وگرنه، خیانت‌کاری نسبت به آن امانت، و ستمگری در حق خلق خدا خواهی بود، و خود را در معرض عذاب و کیفر او قرار داده‌ای.

۱۸. حق رعیت در نکاح (همسر)

و اما حق رعیت تو در ملک نکاح، این است که بدانی خداوند همسر را برای تو مایه آرامش، آسایش، انس و پناه قرار داده است.

و نیز هر یک از شما باید خداوند را به سبب داشتن دیگری سپاس گوید، و بداند که این، نعمتی از جانب خداوند است.

پس بر هر یک واجب است که حسن معاشرت داشته باشد، نعمت الهی را گرامی دارد، با او مهربانی کند، هرچند حق تو بر او بیشتر است و اطاعتش از تو در آنچه دوست داری یا ناخوش می‌داری، مادامی که معصیت خدا نباشد، واجب‌تر است؛ اما با این حال، او نیز دارای حق رحمت، انس و آرامشی است که باید با او برقرار گردد، و محلّ لذت مشروعی است که باید رعایت شود. و این، حق، بسیار بزرگ است. و هیچ نیرویی نیست مگر به خداوند.

۱۹. حق رعیت در ملک یمین (بردگان)

و اما حق رعیت تو در ملک یمین، این است که بدانی او آفریده پروردگار توست، از گوشت و خون توست، و تو مالک اویی، اما نه اینکه خودت او را بدون خداوند آفریده باشی، و نه برای او گوشی آفریده‌ای، و نه چشمی، و نه روزی‌ای روان ساخته‌ای.

بلکه خداوند، همه این امور را برای تو کافی دانسته، و او را رام تو ساخته و به تو سپرده، و امانتی در اختیار تو نهاده تا از او نگهداری کنی و با او به سیرت الهی رفتار نمایی.

پس از آنچه می‌خوری، به او بخوران، و از آنچه می‌پوشی، بر او بپوشان، و او را به کاری که توان انجامش را ندارد، واندار.

و اگر از او ناخوشایند داشتی، به خدا پناه ببر و او را واگذار، و آفرینش خدا را عذاب مکن. و هیچ نیرویی نیست مگر به خداوند.

۲۰. حق رحم (حق خویشاوندی، به‌ویژه مادر)

و اما حق مادر، این است که بدانی او تو را در جایی حمل کرده که هیچ‌کس دیگری را در آن حال حمل نمی‌کند، و از میوه دل خویش تو را خوراک داده، چیزی که هیچ‌کس دیگری را چنین خوراک نمی‌دهد.

او با شنوایی و بینایی و دستان و پاها و موی و پوست و همه اعضایش، از تو نگهداری کرد، با شادمانی و سرور، هرچند دشواری، درد، سنگینی و اندوه برایش داشت، اما آن را تحمل کرد.

تا اینکه دست قدرت، تو را از شکمش بیرون آورد و تو را به دنیا آورد.

آنگاه راضی شد که خود گرسنه بماند تا تو سیر شوی، برهنه بماند تا تو را بپوشاند، تشنه باشد تا تو را سیراب کند، در آفتاب باشد تا تو را در سایه نگه دارد، با رنج خود، تو را در نعمت نگه دارد، و با بی‌خوابی خود، خواب را بر تو گوارا سازد.

شکم او برای تو ظرف بود، دامنش گهواره‌ات، سینه‌اش نوشیدنی‌ات، و جانش پناه تو.

گرما و سرمای دنیا را برای تو تحمل کرد و خودش را فدای تو نمود.

پس شایسته است که در برابر همه اینها، او را سپاس گویی، هرچند به انجام آن قادر نخواهی بود، مگر به یاری و توفیق خداوند.

۲۱. و اما حق پدرت بر تو

بدان که او اصل وجود توست و تو شاخه‌ای از اویی، و اگر او نبود تو نیز نبودی. پس هر چه در خود از صفات نیکو می‌بینی و به آن مباهات می‌کنی، بدان که پدرت سرچشمهٔ این نعمت در حق توست. پس خدا را حمد کن و شکرگزار او باش به اندازهٔ آن نعمت، و هیچ نیرو و توانی نیست مگر به خدا.

۲۲. و اما حق فرزندت بر تو

بدان که او از توست و در این دنیای زودگذر، با خیر و شرش به تو منسوب است. و تو در برابر وظیفه‌ای که در تربیت نیکو و راهنمایی او به سوی پروردگارش، و یاری‌اش در اطاعت از خدا چه در رابطه با خودت و چه در نفس خودش داری، مسئول هستی. پس بر آن پاداش داده می‌شوی یا بازخواست خواهی شد. پس در تربیت او چنان عمل کن که گویی می‌خواهی با اثر نیکی که از خود بر جای می‌گذاری، خود را بیارایی، و در برابر خداوند عذر بیاوری با حسن سلوک و رعایت حقش، و گرفتن حق او از خودش. و هیچ نیرو و توانی نیست مگر به خدا.

۲۳. و اما حق برادرت بر تو

بدان که او دست توست که آن را می‌گشایی، و پشت توست که به آن پناه می‌بری، و عزّت توست که بر آن تکیه می‌زنی، و نیروی توست که به وسیلهٔ آن حمله می‌بری. پس او را ابزار نافرمانی خدا قرار مده، و وسیلهٔ ظلم به خلق خدا مساز، و یاری‌اش را

در برابر دشمنش ترک مکن، و میان او و شیطان‌هایش حائل شو، و خیرخواهی‌ات را به او برسان، و در راه خدا به او روی آور. اگر در برابر پروردگارش تسلیم شد و پاسخ نیکو داد، که خوب؛ وگرنه خدا را بر او ترجیح بده و او را نزد خود گرامی‌تر بدان.

۲۴. و اما حق کسی که با نعمت آزادسازی، ولایت تو را بر عهده گرفت

بدان که او مال خود را در راه تو صرف کرده و تو را از ذلت بندگی و تنهایی آن به عزّت آزادی و انس با آن منتقل ساخته، و تو را از اسارت مالکیت رهانیده، و زنجیر بندگی را از تو گشوده، و نسیم عزت را به مشامت رسانده، و تو را از زندان قهر بیرون کشیده، و دشواری را از تو دفع کرده، و زبان انصاف را برایت گشوده، و دنیا را به تو مباح ساخته، و مالک نفس خودت گردانیده، و بند اسارتت را گسسته، و تو را برای عبادت پروردگارت آزاد ساخته، و در این راه نقصان در مال خود را تحمل کرده است. پس بدان که او پس از خویشاوندانت، شایسته‌ترین مردم به تو در زندگی و پس از مرگ است، و سزاوارترینِ خلق برای یاری تو، کمک به تو و همراهی با تو در راه خداست. پس هرگز خودت را بر او مقدم مدار، مادامی که نیازمند تو باشد.

۲۵. و اما حق برده‌ای که نعمت تو بر او جاری است (بردهٔ آزادشده‌ات)

بدان که خداوند تو را پناه‌دهنده، نگهدار، یاور و دژی برای او قرار داده است، و او را واسطه و وسیله‌ای میان تو و خود ساخته، پس سزاوار است که تو را از آتش دوزخ محفوظ دارد، و در آن، پاداش آخرتی‌ات را ضامن گردد، و اگر برایش خویشاوندی نبود، ارث او را در دنیا به تو برساند؛ و این به پاس مال و محبتی است که در حق او صرف کردی و وظیفه‌اش را به جای آوردی. اگر از خدا نترسی، بیم آن می‌رود که میراث او بر تو گوارا نباشد. و هیچ نیرو و توانی نیست مگر به خدا.

۲۶. و اما حق کسی که به تو نیکی کرده است:

باید او را سپاس‌گزاری، نیکی‌اش را به یاد داشته باشی، سخن نیک درباره‌اش منتشر سازی، و در نهان میان خود و خداوند سبحان برایش دعای خالصانه نمایی. پس چون چنین کنی، او را در پنهان و آشکار شکر گفته‌ای. سپس اگر توان جبران آن نیکی را در عمل داشتی، با عمل آن را جبران کنی، و اگر چنین نتوانستی، در کمین فرصت برای جبران باش و نفس خویش را برای آن آماده گردان.

۲۷. و اما حق مؤذن:

بدان که او تو را به یاد پروردگارت می‌اندازد و به سوی بهره‌ات می‌خواند، و از بهترین یاران تو در انجام واجبی است که خداوند بر تو فرض کرده است. پس همان‌گونه که از نیکوکار به تو سپاسگزاری می‌کنی، از او نیز سپاسگزاری نما. و اگرچه در خانه‌ات به سبب آن مورد اتهام باشی، در امر خداوند مورد اتهام نیستی، و بدان که این موهبت بی‌تردید نعمتی از جانب خداوند بر توست. پس با سپاسگزاری خداوند در هر حال، به نیکی از نعمت خداوند مصاحبت کن. و لا حول و لا قوة الا بالله.

۲۸. و اما حق امام نمازت:

بدان که او نماینده‌ای است میان تو و پروردگارت، و فرستاده‌ای است به سوی خدای تو. از سوی تو سخن گفته است، و تو از جانب او سخنی نگفته‌ای؛ برایت دعا کرده است، و تو برای او دعایی نکرده‌ای؛ به خاطر تو درخواست کرده است، و تو برای او درخواستی نموده‌ای؛ و بار ایستادن در پیشگاه خداوند و خواستن برای تو را بر دوش کشیده است، در حالی که تو او را در این امر یاری نکرده‌ای. پس اگر در این کار کوتاهی باشد، از جانب اوست نه تو؛ و اگر گناهی کرده باشد، تو شریک گناه او نیستی.

تو بر او برتری نداری، بلکه او خود را برای تو فدا کرده و نمازت را با نماز خویش محافظت نموده است. پس بر این همه از او سپاسگزاری کن. و لا حول و لا قوة الا بالله.

۲۹. و اما حق همنشین:

آن است که از آرامش خود به او ببخشی، و روی خوش به او نشان دهی، و در گفت‌وگو با او انصاف را رعایت کنی. در نگاه کردن به او زیاده‌روی نکنی، و در سخن گفتن، قصد فهماندن داشته باشی. اگر تو نزد او همنشینی، در برخاستن از نزد او مختاری، و اگر او نزد تو نشسته باشد، او مختار است و تو جز با اجازه‌اش برنخیزی. و لا حول و لا قوة الا بالله.

۳۰. و اما حق همسایه:

در غیابش پاسدار او باشی و در حضورش بزرگش داری، در هر دو حال، یار و یاورش باشی. در پی عیب او مباش و در پی دانستن زشتی‌هایش تلاش مکن. اگر بدون خواست و تکلف، چیزی از او دانستی، آن را چون دژی استوار و پرده‌ای پوشاننده نگه دار؛ چنان‌که اگر نیزه‌ها در پی آن باشند، به آن دست نیابند، زیرا در دل پنهان شده است. از او در جایی که آگاه نیست، سخنی نشنو؛ در سختی‌ها او را وانگذار؛ به هنگام نعمت، حسد نورز؛ لغزشش را بپوشان و خطایش را ببخش؛ بردباری‌ات را از او دریغ مدار اگر با تو درشتی کرد؛ و همیشه در صلح با او باش. زبان دشنام‌دهنده را از او بازدار و نقشه‌ی بدخواهان را در حق او بی‌اثر گردان. با او به‌نیکی معاشرت کن. و لا حول و لا قوة الا بالله.

۳۱. و اما حقّ همنشین آن است که تا آن‌جا که برایت ممکن است، با فضل و بزرگواری با او معاشرت کنی، و اگر چنین نتوانستی، کمتر از انصاف روا مدار. او را همان‌گونه گرامی بدار که تو را گرامی می‌دارد، و همان‌گونه از او پاسداری کن که از تو پاس می‌دارد. در میان خود و او در کارهای شایسته بر او پیشی مجوی، و اگر او بر تو پیشی گرفت، تو نیز جبران کن. در دوستی با او کوتاهی مکن و به آن اندازه که شایسته است به او مهر بورز. خود را موظّف بدان که خیرخواهی و حمایت از او را پیشه سازی، و در راه اطاعت پروردگارش و یاری او بر نفس خویش در آنچه وسوسه‌ی نافرمانی خدا در دل دارد، یاری‌رسان باش. پس بر او رحمتی باش نه عذابی. و لا قوّة إلّا بالله.

و اما حقّ شریک آن است که اگر غایب بود، تو کفایت کارش را کنی و اگر حاضر بود، او را با خود برابر بداری. در داوری بی‌نظر او تصمیمی مگیر، و کاری را بدون مشورت او انجام مده. مالش را پاس بدار و از خیانت در آنچه اندک یا بسیار است، بپرهیز. چرا که به ما رسیده که دست خدا بر سر دو شریکی است که به یکدیگر خیانت نورزند. و لا قوّة إلّا بالله.

۳۲. و اما حقّ مال آن است که جز از راه حلال آن را به دست نیاوری، و جز در راه حلال آن را خرج نکنی، و آن را از جایگاهش منحرف نسازی، و از حقیقتش دور نگردانی، و اگر آن مال از خداست، آن را جز در راه خدا به کار مگیر و وسیله‌ای برای تقرب به خدا قرار ده. آن را به کسی مده که شاید تو را سپاس نگوید و ممکن است پس از تو جانشینی نیکو نباشد، و آن مال را در طاعت پروردگارت به کار نبرد، تا در این صورت، تو یاور او در گناه باشی. یا اینکه آن مال را به‌گونه‌ای مصرف کند که در آن برای خود نیکو نظر کند و در طاعت پروردگارش بکوشد، پس او به غنیمت رسد و تو گرفتار گناه و حسرت و پشیمانی شوی، همراه با پیامدهای آن. و لا قوّة إلّا بالله.

۳۳. و اما حقّ طلبکار آن است که اگر توانگری، بدهی‌اش را بپردازی، او را بی‌نیاز سازی و نرنجانی و در پرداخت تأخیر نورزی؛ زیرا پیامبر خدا فرمود: «تأخیر توانگر در پرداخت بدهی، ظلم است». و اگر ناتوانی، او را با سخن نیکو خشنود سازی، و از او با

روش نیکو مهلت خواهی، و با نرمی او را بازگردانی، و از آن‌که هم مالش از میان رود و هم با او رفتار ناشایست کرده باشی، بپرهیزی؛ چرا که این کار پستی است. و لا قوّة إلّا بالله.

۳۴. و اما حق هم‌پیمان و همکار آن است که او را نفریبی، به او خیانت نکنی، دروغ نگویی، بی‌اعتنا نباشی، او را فریب ندهی و مانند دشمنی که در پی نابودی شریک خود است، با او رفتار نکنی. و اگر به تو اعتماد کند، در حق او بیش از خود دقّت کنی، و بدانی که فریب دادن شخص ساده‌دل، نوعی رباست. و لا قوّة إلّا بالله.

۳۵. و اما حقّ دشمنی که بر تو ادعایی دارد اگر ادعایش بر تو حق است، در اثبات آن کارشکنی مکن، برای باطل کردن دعوایش تلاش مکن، بلکه خود را در برابر او همانند حَکَم و داور و گواهی برای حق او قرار ده، بی‌آنکه به گواهی دیگران نیاز افتد. و اگر ادعایش ناحق است، با نرمی با او رفتار کن، او را بترسان، به دینش سوگندش ده، تندی‌اش را با یاد خدا بشکن، و از سخنان بیهوده و زشت پرهیز کن؛ چراکه این سخنان، از آسیب دشمنی او نمی‌کاهد، بلکه تو را در گناهش شریک کرده و شمشیر دشمنی‌اش را تیزتر می‌سازد. زیرا سخن زشت، شر را برمی‌انگیزد و نیکی، شر را می‌نشاند. و لا قوّة إلّا بالله.

۳۶. و اما حقّ مشورت‌خواه آن است که اگر رأیی برایش داری، با تمام توان در خیرخواهی‌اش بکوشی، و آنچه را که اگر خودت به جای او بودی انجام می‌دادی، به او پیشنهاد دهی، و این را با مهربانی و نرمی انجام دهی؛ چرا که نرمی، مایه‌ی انس است و خشونت، مایه‌ی هراس از جایگاه اُنس است. و اگر برای او رأیی نیافتی، ولی کسی را شناختی که به رأی او اطمینان داری و برای خودت نیز او را شایسته می‌دانی، او را به سوی آن فرد راهنمایی کنی و به او ارشاد نمایی. بدین‌سان، در خیرخواهی کوتاهی نکرده‌ای و نصیحت را از او دریغ نداشته‌ای. و لا حول و لا قوّة إلّا بالله.

۳۷. و اما حق کسی که با تو مشورت می‌کند:

پس او را در رأیی که با تو موافق است متهم مساز، هرگاه با تو مشورت کند، چراکه رأی‌ها امری است انسانی و تابع تدبیر و تفاوت دیدگاه‌ها. پس در رأی او آزاد باش و اگر به رأی او گمان بردی، در صورتی که او نزد تو شایسته مشورت باشد، این گمان روا نیست. و شکرگزاری از او را رها مکن به سبب آنچه از صراحت رأی و نیکویی مشورتش برایت ظاهر شد. اگر رأی او با رأی تو همسو شد، خدا را سپاس گوی و آن را از برادرت با شکرگزاری بپذیر و در صورت نیازش، آماده‌ی جبران در موارد مشابه باش. و نیرویی نیست مگر به خدا.

۳۸. و اما حق کسی که از تو طلب خیرخواهی و نصیحت دارد:

حق او آن است که نصیحت را بر پایه حقی که برای او می‌بینی ادا کنی، و آن را به شیوه‌ای ادا کنی که برای گوش او خوشایند باشد. با او سخن بگو به اندازه فهم و طاقت عقلش، چراکه هر عقلی درکی خاص از سخن دارد و چیزی را می‌فهمد و می‌پذیرد. و روش تو باید بر پایه رحمت باشد. و نیرویی نیست مگر به خدا.

۳۹. و اما حق ناصح (نصیحت‌کننده):

نرم‌خو باش با او، و دلت را متوجه او ساز، و گوشت را برای سخن او بگشا تا نصیحتش را دریابی. سپس درباره‌ی آن بیندیش، پس اگر در آن به راه درست توفیق یافت، خدا را شکر کن و آن را از او بپذیر و نصیحتش را قدر بدان. و اگر به راه درست نرفت، با او مهربانی کن و به او بدگمان مشو و بدان که از خیرخواهی چیزی فروگذار نکرد، جز آنکه در راه خطا افتاده است. مگر اینکه نزد تو کسی باشد که سزاوار تهمت است، که در این صورت اصلاً در کارش مداخله نکن. و نیرویی نیست مگر به خدا.

۴۰. و اما حق بزرگ‌تر (مسن‌تر):

حق او بزرگ‌داشتن سن او و احترام به اسلام اوست، اگر از اهل فضل در اسلام باشد، به‌واسطه‌ی پیش‌دستی‌اش در ایمان. با او در نزاع مقابله مکن، از او در راه پیشی مگیر و پیش از او راه مپوی، و او را نادان مشمار—even اگر در حق تو جهالت ورزد، بردبار باش و او را به حق اسلام و سنش گرامی دار. چراکه حرمت سن به مقدار اسلام است. و نیرویی نیست مگر به خدا.

۴۱. و اما حق کوچک‌تر:

رحمت با او، تربیت و آموزش او، گذشت از خطای او، پوشاندن لغزش‌هایش، نرمی و مهربانی با او و یاری‌اش بر کارهاست. نیز پوشاندن خطاهای ناشی از کم‌تجربگی‌اش، چراکه این سبب توبه می‌گردد. مدارا با او و پرهیز از مجادله، چراکه این به رشد و بلوغ او نزدیک‌تر است.

۴۲. و اما حقّ سائل (گدا یا درخواست‌کننده)، این است که چون صدقه‌ای برایت میسر شد و توانایی رفع نیاز او را یافتی، آن را به او بدهی. و در گرفتاری‌اش برایش دعا کنی و او را در رسیدن به خواسته‌اش یاری دهی؛ حتی اگر در صدق گفتارش تردید کردی و پیش از آن به بدگمانی دچار شدی، تصمیم قطعی بر ندادن نگیر، و ایمن مباش از اینکه آن وسوسه‌ای از شیطان باشد که می‌خواهد تو را از بهره‌ات بازدارد و مانع نزدیکی‌ات به پروردگارت گردد. پس او را با پوشاندن حالش واگذار و با پاسخی نیکو ردّش کن. و اگر نفس تو در یاری‌اش چیره شد و آنچه خواست به او دادی، با وجود آنچه در دل از او می‌پنداشتی، پس این از امور عزیمت‌برانگیز و با اراده است.

۴۳. و اما حقّ کسی که از او چیزی خواستی، اگر عطایی کرد، آن را با سپاسگزاری و شناخت فضل او بپذیر. و اگر دریغ نمود، برای خود عذری نیکو در نظر گیر و گمان نیک به او داشته باش و بدان که اگر مالش را نداد، باز هم او صاحب اختیار مال خویش است و سرزنشی بر او نیست. و اگر هم ظالم باشد، بی‌تردید انسان ستم‌پیشه‌ای ناسپاس است.

۴۴. و اما حقّ کسی که خداوند به دست او تو را خوشحال ساخت، اگر آن را تعمداً برای تو انجام داده، نخست خدا را سپاس گو و سپس به اندازه‌ی شایستگی‌اش در جایگاه پاداش، از او قدردانی کن و در برابر آغازگری‌اش به نیکی، پاداشی آماده دار. و اگر تعمدی در کارش نبود، باز هم خدا را ستایش کن و شکر به‌جای آور و بدان که این از جانب خداوند بود که به تو اختصاص داد. آن را دوست بدار، زیرا واسطه‌ای در میان اسباب نعمت الهی بر توست و برایش خیر بطلب، چرا که اسباب نعمت هرجا که باشند، مایه‌ی برکت‌اند، اگرچه از روی قصد هم نباشد. و هیچ نیرویی جز به خدا نیست.

۴۵. و اما حقّ کسی که از طریق او قضایی ناخوشایند بر تو رسید، خواه در گفتار یا کردار، اگر از روی عمد بود، بخشش سزاوارتر است؛ چراکه در آن، فروخوردن خشم و ادب‌ورزی در برابر بزرگان هم‌نوع است. زیرا خداوند می‌فرماید: «و کسی که پس از ظلم به خود انتقام گیرد، بر او گناهی نیست...»، و نیز می‌فرماید: «و اگر مجازات کردید، همانند آنچه بر شما وارد شده مجازات کنید، و اگر صبر کردید، قطعاً برای شکیبایان بهتر است.» این در صورتی است که کار از روی عمد بوده باشد؛ اما اگر عمدی در کار نبود، تو نیز در انتقام عمدی از او ستم مکن تا در خطایی که تعمدی نداشت، تو هم در مقابل، تعمد نورزی. با او مدارا کن و با لطیف‌ترین روشی که توان داری، پاسخش ده. و نیرویی جز از جانب خدا نیست.

۴۶. و اما حقّ اهل ملّت (امت) تو، این است که نیت سلامت برای ایشان داشته باشی و بال‌های رحمت را بر آنان بگسترانی، با بدکارشان مدارا کنی، با آنان انس گیری و اصلاحشان را بخواهی. نیکوکارشان را به خاطر نیکی‌اش به خود و به خودش سپاس‌گزاری، چراکه نیکی او به خود، در واقع نیکی‌اش به توست، اگر از آزارش باز ایستد و بار زحمتش را از تو بردارد و خود

را از تو دور دارد. پس همگی‌شان را در دعایت شامل کن، همه را در یاری‌ات شریک گردان، و ایشان را در دل و جان خود منزلتی ده. بزرگ‌ترشان را به منزله‌ی پدر، کوچک‌ترشان را چون فرزند و میانه‌روشان را همچون برادر بدان. و هر که به سوی تو آمد، با لطافت و مهربانی مراقب حالش باش و با برادرت همان‌گونه رفتار کن که برادری را بر برادرش فرض است.

۴۷. و اما حقّ اهل ذمه (غیرمسلمانان تحت حمایت اسلام)، حکم آن است که از ایشان آنچه خداوند پذیرفته بپذیری و آنچه خداوند از ذمه و پیمانش برای ایشان مقرر فرموده، به آن وفادار باشی. در آنچه از ایشان خواسته شده یا به آن وادار شده‌اند، با ایشان مطابق آنچه خدا مقرر داشته، سخن گوی. و در آنچه میان تو و ایشان از معاملات پیش می‌آید، چنان داوری کن که خداوند بر خودت حکم کرده. میان تو و ستم بر آنان، باید رعایت ذمه‌ی الهی و وفاداری به عهد خدا و پیمان رسولش مانع باشد. زیرا به ما رسیده که پیامبر فرموده است: «هر که بر اهل عهد (معاهَد) ستم روا دارد، من دشمن اویم.» پس از خدا پروا داشته باش، و هیچ نیرو و توانی جز از جانب خدا نیست.

این‌ها پنجاه حق‌اند که تو را دربر گرفته و در هیچ حالی از آن‌ها بیرون نتوانی رفت، بر توست که آن‌ها را رعایت کنی و در ادای آن‌ها بکوشی و از خداوند بلندمرتبه در این راه یاری بطلبی. و هیچ نیرو و توانی جز به خدا نیست، و ستایش از آنِ خدا، پروردگار جهانیان است.

Arabic Translation of the Introduction

مقدمة

إعادة التفكير في رسالة الحقوق من خلال إطار التفكير المنظومي

"الناس صنفان: إما أخ لك في الدين، وإما نظير لك في الخلق."

لقد قمت على مدى عقد من الزمان بتدريس وكتابة مستفيضة حول حقوق الإنسان. فمنذ اللحظة التي أطلقت فيها مساقي الخاص، "حقوق الإنسان والإسلام"، بصفتي مرشحًا لنيل درجة الدكتوراه في جامعة واشنطن، سعيت إلى تقديم وضوح وعمق ومنظور متعدد التخصصات لمجال غالبًا ما يتميز بالطموحات المعيارية والتعقيدات المفاهيمية على حد سواء.

منذ ذلك الحين، قمت بالتدريس على جميع المستويات الأكاديمية - من الدورات التمهيدية لطلاب البكالوريوس إلى الندوات العليا المتقدمة لطلاب الدكتوراه والقانون - عبر مجموعة واسعة من الموضوعات بما في ذلك الأسس الفلسفية للحقوق، وتقنينها القانوني، وتفسيراتها الثقافية. لقد أخذني مساري العلمي عبر قانون الملكية والميراث (موضوع أطروحتي)، إلى نشر كتاب عن حقوق المرأة في السياقات الإسلامية، وكتاب ثانٍ عن شرعية المعارضة والتمرد في المجتمعات الإسلامية، وثالث يستكشف الخطاب حول حقوق الإنسان من مفكري عصر التنوير إلى الفلاسفة المسلمين المعاصرين.

ومع ذلك، لم يصل فهمي لحقوق الإنسان إلى عمق جديد إلا في السنوات السبع الماضية، من خلال التطبيق الصارم للتفكير المنظومي. لقد سمح لي التفكير المنظومي، بتأكيده على الترابط، وحلقات التغذية الراجعة، والتطور الديناميكي، بتحليل حقوق الإنسان ليس كمبادئ أخلاقية أو معايير قانونية معزولة، بل كأنظمة فكر وممارسة متطورة تشكلها الظروف التاريخية، والتبادلات الثقافية، والمناقشات الفلسفية، والخبرات المعيشة. لقد كانت هذه الرؤية على مستوى النظم هي التي دفعتني إلى إعادة فحص العديد من النصوص التأسيسية - بعضها معروف جيدًا، والبعض الآخر مهمل. وعلى الرغم من ثرائها، لم تحظ رسالة الحقوق باهتمام كبير في الأوساط الأكاديمية الحديثة التي تركز على حقوق الإنسان.

ألّف هذه الرسالة علي زين العابدين، وهو عالم دين وقائد روحي إسلامي من القرن السابع الميلادي، وهي تحدد رؤية شاملة ودقيقة للحقوق والمسؤوليات التي تمتد عبر المجالات الروحية والاجتماعية والشخصية والسياسية. وهي تفصل حقوق الله، والنفس، والجسد، والأسرة، والمجتمع، والخصوم، والعالم الخارجي من حولنا. وما يجعل هذه الوثيقة مقنعة بشكل خاص - وذات صلة ملحة اليوم - هو نهجها التكاملي. فبدلاً من معالجة الحقوق بشكل مجرد، فإن رسالة الحقوق تعبر عنها ضمن شبكة من الالتزامات المتبادلة، حيث لا تكون الحقوق مطالبات مطلقة ولا استحقاقات فردية فحسب، بل جزءًا من رؤية أوسع، ذات أساس أخلاقي، للعدالة والمساءلة المتبادلة. وهذا يتردد صداه بعمق مع الدعوات المعاصرة إلى فهم أكثر ارتباطًا وأقل تجزئة لحقوق الإنسان.

علاوة على ذلك، تقدم رسالة الحقوق رؤية للحقوق مستنيرة روحيًا دون أن تكون عقائدية، ودقيقة أخلاقيًا دون أن تكون قانونية، ومتجذرة ثقافيًا دون أن تكون ضيقة الأفق. هذه الصفات تجعلها مصدرًا لا يقدر بثمن لإعادة التفكير في كيفية تدريسنا وتصورنا وتطبيقنا لحقوق الإنسان في سياقات ثقافية ودينية متنوعة.

في الأطر المهيمنة لتعليم حقوق الإنسان، وخاصة في الأوساط الأكاديمية الغربية، احتلت نصوص وتقاليد معينة منذ فترة طويلة احتكارًا شبه كامل لتحديد ما يعتبر موثوقًا أو تأسيسيًا. وبينما اكتسبت الجهود الرامية إلى تنويع المناهج وإدراج أصوات غير غربية زخمًا، غالبًا ما تظل هذه الجهود سطحية أو رمزية. ولعولمة تعليم حقوق الإنسان حقًا - والقيام بذلك بطريقة قوية فلسفيًا ومستنيرة تاريخيًا - يجب علينا ليس فقط "إضافة" وجهات نظر إسلامية إلى المناهج الدراسية ولكن التعامل معها بجدية ونقد كمصادر للفكر الأصيل. رسالة الحقوق ليست مجرد أثر من التاريخ الإسلامي؛ بل هي وثيقة حية لديها القدرة على إعادة تشكيل مخيلتنا الأخلاقية وتجديد التزاماتنا السياسية.

رسالة الحقوق: الهيكل والنطاق

تُنسب رسالة الحقوق إلى الإمام علي زين العابدين، وقد كتبت في القرون الإسلامية الأولى ولا تزال قطعة أثرية فريدة في مدونة الأدب الأخلاقي والقانوني الإسلامي. وبعيدًا عن كونها قائمة بالحقوق بالمعنى الحديث، فإن الرسالة ترسم بيئة أخلاقية معقدة، تحدد أكثر من خمسين فئة من الحقوق التي تمتد من الإلهي والكوني إلى الشخصي العميق.

وما يجعل هذا النص فريدًا ليس فقط اتساع نطاقه، بل الترابط الذي يفترضه. فالحقوق دائمًا ما تكون متضمنة في العلاقات، وكل حق يستتبع واجبًا متبادلًا. ويتوقع هذا النموذج العلائقي العديد من رؤى الأخلاق والنظرية الاجتماعية المعاصرة، ولكنه يعبر عنه هنا بأسلوب إسلامي ما قبل حداثي.

وعلى الرغم من ثرائها، لم تحتل الرسالة مكانة بارزة في الخطاب المعاصر لحقوق الإنسان. وهناك عدة أسباب لذلك. أولاً، غالبًا ما يترك التوجه العلماني والقانوني لأطر الحقوق الحديثة مساحة ضئيلة لرؤى ما قبل الحداثة، ذات الأساس الديني، للالتزام الأخلاقي. ثانيًا، تعامل العديد من علماء الدراسات الإسلامية تاريخيًا مع النص كوثيقة تقوية أو روحية، بدلاً من كونه مصدرًا للنظرية السياسية أو القانونية. ثالثًا، يميل تعليم حقوق الإنسان نفسه إلى تفضيل نصوص من عصر التنوير أو فترات ما بعد الحرب العالمية الثانية، وخاصة تلك التي تتوافق مع التقاليد الليبرالية الأوروبية الأمريكية.

إن إعادة التفاعل مع رسالة الحقوق ليست مجرد تمرين أكاديمي. بل لديها القدرة على إلقاء الضوء على كيفية تصور الحضارات المختلفة للحقوق باعتبارها متضمنة داخل أنظمة أخلاقية واجتماعية. ويوفر فحص مثل هذه الوثيقة التاريخية إطارًا قويًا للأخلاق المقارنة لا يعتمد على النسبية الثقافية أو الفرض الشمولي. بالإضافة إلى ذلك، فإن دمج مثل هذه الوثائق التاريخية يلهم نماذج جديدة لتدريس الحقوق تدمج العمق التاريخي والحوار بين الثقافات والتعقيد الأخلاقي. ولعل الأهم من ذلك، أن الرسالة يمكن أن تكون بمثابة تصحيح للميل في خطاب الحقوق الحديث إلى التأكيد على الاستحقاقات الفردية على حساب المسؤوليات الجماعية والمساءلة الأخلاقية. فرؤيتها هي رؤية لا تتحقق فيها العدالة من خلال التقاضي أو الإعلانات وحدها، بل من خلال تنمية الالتزامات المتبادلة في جميع مجالات الحياة.

نظرة عامة على حقوق الإنسان: تقدم من خلال التجربة

في عملي الخاص - عبر الكتب والفصول الدراسية والمؤتمرات - حاولت مد الجسور بين التقاليد، وتحدي الافتراضات، وتزويد الطلاب والقراء بأدوات التفكير النقدي في العالم الذي يرثونه. وتعد رسالة الحقوق، عند قراءتها جنبًا إلى جنب مع التفكير المنظومي ونظرية حقوق الإنسان، رفيقًا حيويًا في هذه الرحلة. إن إيلاء هذه الوثيقة الاهتمام الذي تستحقه ليس انغماسًا في الحنين الثقافي أو التبرير. بل هو إصرار على أن فهمنا لحقوق الإنسان يزداد ثراءً عندما يكون نقديًا وشاملًا على حد سواء - عندما نسمح للنصوص القديمة بالتحدث عن المشكلات الجديدة، وعندما نرى في الزوايا المغفلة من التاريخ بذور مناقشاتنا الأخلاقية الأكثر إلحاحًا.

بصفتي شخصًا تشكل في بيئة أكاديمية غربية - تلقى تعليمه في جامعة أمريكية وانغمس تمامًا في التقاليد الليبرالية لحقوق الإنسان - فقد تعاملت في البداية مع النصوص الكلاسيكية مثل رسالة الحقوق للإمام زين العابدين بنفس العدسة التي طبقها العلماء المعاصرون، وخاصة الغربيون منهم.

تدربت على الافتراضات الفلسفية للفردية المستنيرة والأطر التأديبية للعلوم السياسية والنظرية القانونية، وكنت أميل إلى رفض الرسالة باعتبارها أثرًا من عصور ما قبل الحداثة، غنية بالمشاعر الأخلاقية ولكنها في نهاية المطاف غير ذات صلة بالخطاب الحديث حول حقوق الإنسان.

في تعاملي المبكر مع الرسالة، رأيت تركيزها على الواجبات - تجاه الله، والنفس، والآخرين، والجسد، والعالم الاجتماعي - منفصلاً بشكل أساسي عما تعلمت التعرف عليه على أنه "حقوق". فالحقوق، في التقليد الذي تدربت فيه، كانت مطالبات قابلة للإنفاذ ضد السلطة، منظمة من خلال آليات قانونية، وتتمحور حول الفرد المستقل. وعلى النقيض من ذلك، بدت الرسالة تفتقر إلى العناصر الأساسية للغة الحقوق، وتقدم بدلاً من ذلك إطارًا من الالتزامات الأخلاقية والمساءلة الروحية. وبدت غير مرتبطة بالتطورات في فكر حقوق الإنسان التي حدثت على مدى القرنين الماضيين - التطورات التي تشكلت من خلال الثورات والدساتير والمؤسسات المتجذرة في التجربة التاريخية الغربية.

ومع ذلك، أدرك الآن أن هذا التفسير كان نتاج التفكير داخل حدود نظام فكري واحد وضمن صوامع التخصصات الأكاديمية. وبفشلي في الخروج من الإطار الليبرالي، لم أتمكن من إدراك رسالة الحقوق على حقيقتها: نظام متطور للمسؤولية الأخلاقية، متضمن في نظرة للعالم لا يتم فيها تأكيد الكرامة من خلال المطالبات القانونية، بل من خلال المعاملة بالمثل والتواضع والالتزام والمساءلة الإلهية. في تدريبي، تعلمت فصل اللاهوت عن القانون، والأخلاق عن السياسة، والروحي عن الاجتماعي. وبذلك، أغفلت الرؤية الأخلاقية المتكاملة التي تقدمها الرسالة - رؤية لا تنتمي فيها الحقوق إلى الفرد المعزول، بل تنبثق من تصور علائقي وكوني وكلي للإنسان.

إن حدود رؤيتي للحقوق خارج المفهوم الحديث لحقوق الإنسان هي سمة مميزة لنهج معظم المفكرين المعاصرين، إن لم يكن جميعهم، المنخرطين في مجال حقوق الإنسان. ويتجلى هذا الواقع بشكل أفضل في التعبير القوي عن مقارنة حقوق الإنسان في الثقافات الغربية وغير الغربية بعد ثلاثة عقود من صدور الإعلان العالمي لحقوق الإنسان.

في عام 1982، نشر جاك دونيلي مقالته بعنوان "حقوق الإنسان والكرامة الإنسانية: نقد تحليلي للمفاهيم غير الغربية لحقوق الإنسان"، والتي عبرت عن شعور واسع الانتشار حول نظرية حقوق الإنسان. وفي مقالته، يفحص دونيلي بشكل نقدي الادعاءات بأن الثقافات غير الغربية لديها مفاهيم بديلة لحقوق الإنسان تختلف اختلافًا جوهريًا عن النموذج الليبرالي الغربي. ويجادل دونيلي بقوة بأن حقوق الإنسان -كما هو معترف بها على نطاق واسع اليوم - ليست حقائق أبدية وعبر ثقافية، بل هي نتاج تطور تاريخي وفلسفي محدد: صعود الفردية الغربية الحديثة، وخاصة في عصر التنوير. وبينما يعترف دونيلي بأن مختلف الثقافات تدعم أفكار الكرامة الإنسانية، فإنه يؤكد أن الليبرالية الغربية وحدها هي التي طورت الإطار المؤسسي والأخلاقي للأفراد الحاملين للحقوق. ويعد الادعاء بأن الفردية هي الأساس الذي لا غنى عنه لحقوق الإنسان أمرًا أساسيًا لنقده - وهي نقطة لا تحدد موقفه فحسب، بل تشكل أيضًا تحليله للتقاليد غير الغربية.

في صميم أطروحة دونيلي تمييز مفاهيمي بين الكرامة الإنسانية وحقوق الإنسان. ويجادل بأنه على الرغم من أن العديد من الثقافات غير الغربية - مثل التقاليد الكونفوشيوسية والإسلامية والأفريقية - لديها أنظمة أخلاقية راسخة تؤكد قيمة الكائنات البشرية، فإنها لا تتصور بالضرورة الأفراد كحاملين مستقلين للحقوق. غالبًا ما يتم التعبير عن الكرامة الإنسانية في هذه الأطر من خلال مفاهيم الواجب

الاجتماعي أو الفضيلة الأخلاقية أو الانسجام الجماعي، وليس من خلال مطالبات يمكن للأفراد تقديمها ضد الآخرين أو الدولة. ويؤكد دونيلي أن حقوق الإنسان تنطوي على نوع محدد من العلاقة الأخلاقية والسياسية، القائمة على استحقاقات فردية متساوية وعالمية وغير قابلة للتصرف. ويصر على أن هذا اختراع غربي حديث مميز، متجذر في قيم التنوير المتمثلة في الحرية الشخصية والعقلانية والسياسة العلمانية.

يتتبع دونيلي ظهور هذه الفردية القائمة على الحقوق إلى فلاسفة عصر التنوير - مفكرين مثل لوك وروسو وكانط وغيرهم - الذين أعادوا تصور الفرد كوحدة أساسية للاهتمام الأخلاقي والسياسي. وعلى النقيض من النظم الاجتماعية التقليدية، التي حددت الأفراد بأدوارهم في التسلسلات الهرمية للعائلة أو الدين أو المجتمع، رأى نموذج التنوير الأفراد أحرارًا ومتساوين بالطبيعة، ويمتلكون حقوقًا متأصلة ببساطة لكونهم بشرًا. ويجادل دونيلي بأن هذا التحول كان ثوريًا: فقد وضع الشخص الفردي، وليس الجماعة، في مركز الكون الأخلاقي، وبالتالي وضع الأساس لما نسميه الآن حقوق الإنسان.

يستهدف جزء رئيسي من نقد دونيلي الحجة النسبية الثقافية بأن المجتمعات غير الغربية تمتلك مفاهيم بديلة وصالحة بنفس القدر لحقوق الإنسان. ويتحدى هذه الفكرة بالإشارة إلى أن العديد من هذه الادعاءات تخفي دوافع سياسية بدلاً من بدائل فلسفية حقيقية. فغالبًا ما تستخدم استدعاءات التقاليد الثقافية لتبرير الممارسات الاستبدادية، أو إخضاع المرأة، أو إنكار حقوق الأقليات. ويرى دونيلي أن هذا الاستخدام الأدواتي للثقافة يقوض عالمية حقوق الإنسان ويخاطر بالتضحية بالكرامة الفردية على مذبح السلطة الجماعية أو سلطة الدولة. وبالنسبة له، فإن أي تصور شرعي للكرامة الإنسانية يجب أن يتضمن آليات لحماية الأفراد من الانتهاكات، وخاصة من قبل أولئك الذين في السلطة - وهي حماية لا يمكن أن يوفرها بشكل موثوق إلا إطار الحقوق الفردية.

علاوة على ذلك، يؤكد دونيلي على ضرورة إضفاء الطابع المؤسسي على حقوق الإنسان داخل الأنظمة القانونية والسياسية. ويجادل بأنه لا يكفي التمسك بمثل عليا مجردة للعدالة أو الفضيلة؛ فما يحدد حقوق الإنسان هو قابليتها للإنفاذ العملي. تتطلب الحقوق قوانين ومحاكم وهياكل مدنية تمكن الأفراد من المطالبة بها والسعي إلى الانتصاف. ويشير إلى أنه في معظم التقاليد غير الغربية، تكون هذه الترتيبات المؤسسية إما غائبة أو تخضع لقيم هرمية أو جماعية أو دينية. وبدون هذه البنية التحتية، قد يتم تأكيد الكرامة من حيث المبدأ ولكنها تظل غير محمية من الناحية العملية.

الأهم من ذلك، أن دونيلي لا ينكر قيمة التقاليد غير الغربية أو إمكانية الحوار بين الثقافات. وهو يعترف بأن احترام الكرامة الإنسانية عالمي تقريبًا، وأن المجتمعات خارج الغرب قد تتبنى وتكيف إطار حقوق الإنسان. ومع ذلك، يصر على أن هذه التكيفات عادة ما تنطوي على استعارة البنية الفردية للحقوق من التقليد الليبرالي الغربي، بدلاً من إنتاجها محليًا. وهذا يقوده إلى فكرة "العالمية النسبية" - وهي الفكرة القائلة بأنه على الرغم من أن حقوق الإنسان يمكن وينبغي أن تكون قابلة للتطبيق عالميًا، إلا أن أصلها وتماسكها المفاهيمي يظلان متجذرين في الفردية الليبرالية الغربية.

تقدم حجج دونيلي دفاعًا قويًا عن تقليد حقوق الإنسان الليبرالي من خلال تسليط الضوء على مركزية الفردية كأساسه الأخلاقي والمؤسسي على حد سواء. وضد الحجج النسبية القائلة بأن حقوق الإنسان هي فرض غربي لا يتوافق مع الثقافات الأخرى، يؤكد دونيلي أن حماية الكرامة الإنسانية تتطلب إطارًا يكون فيه الفرد - وليس الدولة أو القبيلة أو المجتمع - هو حامل الحقوق غير القابلة للتصرف. وبذلك، فهو يؤكد إرث التنوير ويدعو إلى تفاعل نقدي ولكن محترم مع التقاليد غير الغربية، مع التركيز دائمًا على حماية استقلالية الفرد وقيمته.

في حين أن مقالة دونيلي غالبًا ما تُشاد بوضوحها وحجيتها المقنعة، إلا أنها لا تقدم نظرية جديدة جوهريًا لحقوق الإنسان. بل إنها تعمل بمثابة إعادة صياغة ودفاع قوي عن الأرثوذكسية الليبرالية المهيمنة التي شكلت الخطاب الغربي لحقوق الإنسان منذ منتصف القرن العشرين - وهي الأرثوذكسية التي انغمسنا فيها تمامًا، بصفتنا باحثين تلقوا تعليمهم في مؤسسات غربية. يكمن إسهام دونيلي في الطريقة التي ينظم بها هذا الإطار ويطبقه على نقد المفاهيم غير الغربية، لكن الافتراضات الأساسية لحجته - الاستقلال الفردي، والحقوق غير القابلة للتصرف، والعالمية - هي أركان راسخة لفكر عصر التنوير. وهو يستند، ضمنيًا وأحيانًا صراحةً، إلى الإرث الفكري لشخصيات مثل جون لوك، الذي أكد على الحقوق الطبيعية في الحياة والحرية والملكية؛ وجان جاك روسو، الذي نظر إلى العقد الاجتماعي كوسيلة للحفاظ على الحرية الفردية؛ وإيمانويل كانط، الذي أسس الكرامة الإنسانية على القدرة على الاستقلال الأخلاقي العقلاني؛ ولاحقًا مفكرين مثل توماس باين وجون ستيوارت ميل، الذين طوروا التقليد الليبرالي للحقوق والحريات. بهذا المعنى، فإن دونيلي ليس مبتكرًا بقدر ما هو ناطق باسم تقليد فلسفي متطور يضع الفردية في صميم نظرية حقوق الإنسان.

هناك قيود مهمة أخرى في تفكير دونيلي وهي النطاق الضيق لتفاعله مع الفكر الإسلامي. فبدلاً من فحص المصادر الإسلامية الكلاسيكية بشكل مباشر، يعتمد دونيلي على مفكرين مسلمين معاصرين، والعديد منهم يستجيبون أو يتأثرون بالخطاب الغربي لحقوق الإنسان. يسمح هذا النهج لدونيلي بالقول بأن التقاليد الإسلامية، على الرغم من ثرائها بالتعاليم الأخلاقية، تميل إلى التأكيد على الواجبات أو الالتزامات الجماعية أو الأمر الإلهي بدلاً من الحقوق الفردية كمطالبات ضد الدولة أو المجتمع. ومع ذلك، يظل تحليله محصورًا في التفسيرات الحديثة، ولا يتفاعل مع النصوص الكلاسيكية التأسيسية في التقاليد الإسلامية - بما في ذلك رسالة الحقوق. وهذا أمر مهم لأن الرسالة تعبر عن إحساس عميق بالكرامة الإنسانية والمسؤولية الأخلاقية، منظمة حول رؤية للحقوق المستحقة لله والنفس والجسد والآخرين. وعلى الرغم من أنها ليست قائمة على لغة الحقوق الفردية غير القابلة للتصرف، إلا أن الرسالة تجسد رؤية أخلاقية عميقة للعدالة والمعاملة بالمثل. وغيابها عن تحليل دونيلي، والذي كان سيجعل حجته أقوى، يؤكد حقيقة أن نقده ليس تقييمًا شاملاً للفكر الإسلامي، بل هو رد على المثقفين المسلمين المعاصرين الذين يحاولون التوفيق بين القيم الكلاسيكية أو إعادة تفسيرها في ضوء معايير حقوق الإنسان المعاصرة. وعلى الرغم من صحة أن الرسالة تقع ضمن فئة تصور الحقوق التي لا تتوافق مع التصور الغربي، إلا أن التفاعل مع وثيقة أصلية كان سيوفر السياق الأصلي والتفكير المستقل للمفكرين المسلمين الذين لم يكن من الممكن أن يتأثروا بالفكر الغربي الحديث في هذا الشأن.

علاوة على ذلك، يدعم هذا الانخراط الانتقائي أطروحة دونيلي المركزية بأن التقاليد غير الغربية، بما في ذلك الإسلام، لم تتصور تاريخيًا حقوق الإنسان بالمعنى الليبرالي الغربي، حتى لو كانت تعزز الكرامة الإنسانية. ومع ذلك، لو أنه فحص أعمالًا مثل رسالة الحقوق، لربما أثرى حجته بالاعتراف بأنه على الرغم من أن النصوص الإسلامية الكلاسيكية تؤكد بالفعل على الواجبات الأخلاقية وقدسية الحياة البشرية، إلا أنها لا تصل إلى حد إرساء مطالبات مستقلة وقابلة للإنفاذ للفرد ضد السلطة - وهي سمة رئيسية للمفهوم الغربي الحديث لحقوق الإنسان - مما يجعل هذا الاختلاف جزءًا من النقاش الذي يجب الدفاع عنه ودعمه، وليس مجرد حاشية أو مرحلة من التفكير يتم إلغاؤها من خلال التقدم في المعرفة والاكتشاف والخبرة. وبالتركيز على المناقشات الحديثة وتجاوز المصادر الإسلامية التأسيسية، تقدم مقالة دونيلي في النهاية سردًا يتمحور حول الغرب، مما يعزز الرأي القائل بأن حقوق الإنسان، كما هي مؤسسة حاليًا، متجذرة بعمق في فردية عصر التنوير، وليس في الأخلاق ما قبل الحديثة أو الدينية - سواء كانت إسلامية أو كونفوشيوسية أو غير ذلك.

التفكير المنظومي وهندسة حقوق الإنسان

لم أبدأ في إعادة النظر في بعض الأدبيات الكلاسيكية بما في ذلك هذا النص، رسالة الحقوق، بعيون جديدة إلا من خلال تطبيق التفكير المنظومي في بحثي وتدريسي. يتحدى التفكير المنظومي تجزئة المعرفة، ويحثنا على فحص الترابطات وحلقات التغذية الراجعة والخصائص الناشئة للأنظمة الأخلاقية والاجتماعية. عندما بدأت في تطبيق هذا الإطار على دراسة حقوق الإنسان، لم تعد رسالة الحقوق مجرد قائمة بدائية للواجبات، بل أصبحت نظامًا شبكيًا من علاقات الحقوق والمسؤوليات، حيث تنشأ الكرامة لا من الاستقلال الذاتي، بل من الوفاء بمكانة الفرد في شبكة من الالتزامات تجاه الآخرين والجسد والإله والمجتمع.

لقد مثّل هذا الإدراك نقطة تحول في منهجي - ليس فقط تجاه النصوص الأخلاقية الإسلامية، بل تجاه مفهوم حقوق الإنسان نفسه. لقد فتح طريقًا نحو فهم أكثر تعدديًا وتكاملاً للمعرفة حول الكرامة والعدالة - فهم لا يرفض التقاليد غير الغربية باعتبارها غير ذات صلة ولا يجبرها على الانخراط في قالب ليبرالي، بل يعترف بها كأنظمة بديلة للمعنى والنظام الأخلاقي، ذات تماسك داخلي وعمق أخلاقي خاص بها. .

يتضمن التفكير المنظومي، بتعريفه الواسع، فهم الظواهر ليس كأحداث معزولة أو تطورات خطية، بل كمكونات مترابطة داخل كليات ديناميكية. وعند تطبيقه على حقوق الإنسان، يتطلب هذا النهج أن ننظر إلى ما وراء التعريفات الثابتة أو التأكيدات المعيارية وأن نطرح أسئلة أعمق: كيف يتم تصور الحقوق ضمن نظرة أوسع للعالم؟ ما هي الأدوار التي تلعبها في الحفاظ على الاستقرار النظامي أو تحديه؟ كيف تتطور بمرور الوقت استجابة للضغوط الداخلية والخارجية؟ والأهم من ذلك، ما هي القوى التي تشكل فهمنا للحقوق وأفعالنا لحماية أو انتهاك حقوق الآخرين؟

لقد غيّر هذا النمط من الاستقصاء بشكل أساسي كيفية تعاملي مع خطاب الحقوق. كما زودني بعدسة قوية يمكن من خلالها إعادة النظر في النصوص القانونية وتلك التي همشتها الأطر الأكاديمية المهيمنة. وفي هذا السياق، تبرز رسالة الحقوق ليس فقط كوثيقة تاريخية قيمة ولكن كرؤية متطورة ومتكاملة نظاميًا للحقوق والمسؤوليات. وقد أدى هذا التعديل إلى فعاليات متعددة المسارات - تقييم نقدي للنظرة العالمية المهيمنة ودمج مستنير للبيانات التاريخية بالقضايا الحديثة والأحداث الجارية. وكنقد لمفهوم عصر التنوير لحقوق الإنسان وتداعياته على المجتمع الحديث، فإنه يتماشى جيدًا مع حجتي الأوسع بأن خطاب حقوق الإنسان يحتاج إلى تحليل أكثر شمولية وقائم على النظم. وأن هذا العمل النقدي لا يمكن أن يقوده الجدل وسرديات الرأي، بل بتطبيق مبادئ راسخة ومستقرة عبر مجالات المعرفة والاكتشاف.

غالبًا ما يُرجع أصل حقوق الإنسان كما نفهمها اليوم إلى عصر التنوير، وهي فترة حولت المشهد الفكري لأوروبا ووضعت أسس المفهوم الغربي الحديث للحقوق. ومع ذلك، فإن تطور فكر حقوق الإنسان لم ينشأ من فراغ؛ بل تشكل بعمق من خلال سلسلة من النضالات التاريخية والاجتماعية والسياسية التي مهدت الطريق للنظام الدولي الحديث لحقوق الإنسان.

في حين يمكن العثور على عناصر من خطاب حقوق الإنسان في تقاليد سابقة - كما هو الحال في نظريات القانون الطبيعي لعصر النهضة، أو حتى في المفاهيم الأخلاقية المتضمنة في الفكر اليوناني القديم - يُنسب إلى مفكري عصر التنوير على نطاق واسع بلورة المفهوم الحديث لحقوق الإنسان. تميزت هذه الفترة من الازدهار الفكري، من أواخر القرن السابع عشر إلى القرن الثامن عشر، بتحدٍ عميق للحكم الملكي والسلطة الدينية على حد سواء، وتجسدت في النضال ضد التاج والكنيسة. وخلال هذا الوقت بدأت تتشكل الفكرة الحديثة للحقوق باعتبارها استحقاقات متأصلة وغير قابلة للتصرف وبديهية.

غالبًا ما يُستشهد بفلاسفة عصر التنوير مثل جون لوك وجان جاك روسو وإيمانويل كانط في مناقشات حقوق الإنسان. لقد جادلوا بأن الأفراد يمتلكون حقوقًا طبيعية معينة - مثل الحق في الحياة والحرية والملكية - سبقت الحكومة والقانون. أكد هؤلاء المفكرون على حرية الفرد وقدسية الملكية الخاصة والسعي وراء السعادة. لقد دافعوا عن الحق في أن يكون المرء حراً، والحق في امتلاك الممتلكات، والحق

في الازدهار - وهي مطالبات ستجد لاحقًا تعبيرًا عنها في وثائق تأسيسية مثل إعلان الاستقلال الأمريكي (1776) وإعلان حقوق الإنسان والمواطن الفرنسي (1789).

ومع ذلك، لم تكن حقوق عصر التنوير هذه عالمية بالمعنى الحديث لكونها قابلة للتطبيق على جميع البشر بحكم إنسانيتهم. بل كانت استحقاقات مستحقة للرجال، وبشكل أكثر تحديدًا لرجال من طبقة وعرق ومكانة معينة. هذا تمييز حاسم: لم تُمنح هذه الحقوق بحكم وجود المرء ببساطة كإنسان، بل كانت محفوظة لأولئك الذين اعتبروا متمدين بما يكفي للمطالبة بها.

التناقض المتأصل في فكر عصر التنوير صارخ وهام على حد سواء. فبينما افترض مفكرون مثل لوك وروسو أن الحقوق أساسية وطبيعية للبشر، فقد برروا في الوقت نفسه إنكار الحقوق على النساء والعبيد والشعوب الأصلية والجماعات المهمشة الأخرى. كيف يمكن لنفس المفكرين الذين أعلنوا أن حقوق الرجال متأصلة وبديهية أن يبرروا الإقصاء المنهجي لفئات كاملة من البشر من هذه الحقوق نفسها؟ هذا التناقض ليس مجرد إغفال تاريخي؛ بل يعكس افتراضًا أساسيًا لفكر عصر التنوير: حقوق الإنسان لم تكن لجميع البشر.

لم ينسب مفكرو عصر التنوير إنسانية كاملة لجميع الناس. بل ميزوا بين أولئك الذين اعتبروا متمدين، وبالتالي جديرين بالحقوق، وأولئك الذين اعتبروا غير متمدين، والذين لم يُنظر إليهم بعد على أنهم مؤهلون للتمتع بالحقوق. وهكذا، صُممت حقوق عصر التنوير للأعضاء المتفوقين في المجتمع - الرجال المتمدين - وكان على الآخرين، الذين يُنظر إليهم على أنهم "متخلفون" أو "بدائيون"، أن يُحكموا ويُستوعبوا تدريجيًا في المراتب العليا من الحضارة.

هذا المنظور ليس تناقضًا؛ بل هو موقف متسق يستند إلى افتراض مفاده أن بعض الأشخاص فقط كانوا بشرًا حقًا ويستحقون الحقوق. برر مفكرو عصر التنوير إنكار الحقوق على النساء والعبيد والشعوب المستعمرة والجماعات الأصلية بالافتراض بأن هذه الجماعات كانت إما بدائية للغاية أو "غير متحضرة" بحيث لا تستطيع الحكم الذاتي أو تقرير المصير. سمح هذا الإطار بتبرير الاستعمار والعبودية والنظام الأبوي كآليات يمكن من خلالها رفع "غير المتحضرين" إلى مرتبة الإنسانية الكاملة.

كانت نتيجة هذا الرأي توسعًا تدريجيًا للحقوق بمرور الوقت، حيث تم إدخال مجموعات مختلفة في دائرة أولئك الذين اعتبروا "متمدين" بما يكفي للمطالبة باستحقاقاتهم. لم تحصل النساء والعبيد والشعوب الأصلية في المجتمعات الغربية على الحقوق على الفور؛ بل تحققت مطالباتهم بالحقوق ببطء من خلال تعديلات الدساتير وتغييرات في المعايير الاجتماعية واعتماد سياسات جديدة. وبالتالي، فإن قصة توسيع حقوق الإنسان هي قصة إدراج تدريجي لأولئك الذين اعتبروا سابقًا غير جديرين بالحقوق - وهو إدراج، والأهم من ذلك، أنه كان دائمًا يتشكل وفقًا لقيم ومؤسسات أولئك الذين اعتبروا بالفعل مستحقين.

علاوة على ذلك، حتى عندما يتم الاعتراف رسميًا بحقوق مجموعة اجتماعية ما، يظل هذا الاعتراف محفوفًا بالمخاطر، حيث يمكن لأصحاب السلطة إلغاؤه من خلال مجموعة من الأدوات القانونية والسياسية والخطابية. غالبًا ما يتم تبرير هذا الإلغاء من خلال إلصاق تسميات مهينة بالمجموعة - مثل "عدو" أو "إرهابي" أو "أجنبي" - أو عن طريق فرض شروط تؤدي عند انتهاكها إلى فقدان الحقوق. على سبيل المثال، إنكار الحقوق الأساسية مثل حرية التعبير والإجراءات القانونية الواجبة لغير المواطنين أو المواطنين المحتجين على الحرب، كما رأينا في الإجراءات التي اتخذتها الإدارة الأمريكية في عام 2025، يكشف أن معايير حقوق الإنسان ليست ببساطة النتيجة التراكمية للتقدم التاريخي أو الضمانات المؤسسية. يتحدى هذا الواقع تفاؤل المنظرين الليبراليين مثل دونيلي، الذي سعى إلى تمييز المفهوم الغربي للحقوق باعتباره أكثر أمانًا وعالمية من البدائل غير الغربية. في الحقيقة، فإن توسيع حقوق الإنسان لا يضمن الدوام أو التكامل الثقافي. بل غالبًا ما يعكس تسوية سياسية استراتيجية - تسوية تظل عرضة للانعكاس أو إعادة التفسير أو التآكل اعتمادًا على المناخات السياسية المتغيرة.

في مفهوم عصر التنوير، لم تكن الحقوق مرتبطة بشكل جوهري بالواجب أو المسؤولية. فقد تم تصور الحق في الحرية والملكية والازدهار على أنه استحقاق - شيء مستحق للفرد بحكم وجوده ومكانته كإنسان "متمدين". وهكذا، أصبحت حقوق الإنسان مرتبطة بالفردية المطلقة لعصر التنوير. كان الفرد هو مركز إطار الحقوق، وكل ما يطالب به الفرد هو حقه. تجاهل هذا الإطار الفردي الترابطات الأوسع بين الناس والمجتمعات والعالم الطبيعي، وركز بدلاً من ذلك على الاستقلال الذاتي الشخصي والمصلحة الذاتية الاقتصادية.

لقد استمر هذا الرأي القائل بالحقوق كاستحقاقات، غير مثقلة بالواجبات أو الالتزامات الجماعية، في خطاب حقوق الإنسان الحديث. أصبح الفرد المستحق، كما تصوره فكر عصر التنوير، نموذجًا للدفاع عن حقوق الإنسان: يطالب الأفراد بما يحق لهم، وتُكلف الدولة بضمان تحقيق هذه المطالبات، غالبًا من خلال آليات القانون والحكم. من الناحية العملية، غالبًا ما ترجم هذا المفهوم للحقوق إلى سعي لا يلين وراء الثروة الشخصية والسلطة الفردية، خاصة بالنسبة لأولئك الذين يتمتعون بالفعل بمكانة داخل الهياكل المجتمعية المهيمنة.

مع تغلغل فكر عصر التنوير في الأنظمة القانونية والسياسية الغربية، أصبحت رؤيته لحقوق الإنسان أساسًا للتوسع العالمي - ولكن ليس بالمعنى العالمي الذي قد يأمله المدافعون المعاصرون عن حقوق الإنسان. فقد استُخدمت حقوق الرجال المستحقين، كما صاغها عصر التنوير، كأداة للهيمنة: لغزو واستغلال وانتزاع الموارد من مجتمعات وشعوب أخرى اعتبرت أقل "تحضرًا" أو غير قادرة على حكم شؤونها الخاصة. وقد ساعد مفهوم الحقوق نفسه في هذا الإطار على تبرير استعمار مساحات شاسعة من العالم، واستغلال الموارد الطبيعية، وإخضاع الشعوب الأصلية.

لم يكن لمفهوم عصر التنوير لحقوق الإنسان - الحقوق كاستحقاقات للرجال المتفوقين - اعتبار كبير للاستدامة أو الحدود البيئية. فقد استند إلى توسع لا نهائي للحقوق الفردية، وغالبًا من خلال تراكم الثروة الشخصية والهيمنة على الموارد الطبيعية. كما أهمل هذا الإطار حقوق الضعفاء، بمن فيهم الشعوب المستعمرة والحضارات غير الغربية، التي استُولت على مواردها واقتُلعت أنظمتها الثقافية باسم التقدم الغربي.

حالة أسلحة الدمار الشامل النووية وغيرها

عندما تُفهم حقوق الإنسان من خلال عدسة فردية متطرفة - حيث تُعلّى المطالبات المستحقة للذات أو الجماعة المتميزة فوق كل اعتبار آخر - فإن ذلك يؤدي حتمًا إلى نشوء التعصب. ففي مثل هذا النظام، بمجرد أن تصل الأفراد والمجتمعات المدفوعة بهذه النظرة العالمية الأنانية إلى آليات السيطرة الاجتماعية والسياسية، فإنهم سيقومون بصياغة وحماية هياكل مصممة للحفاظ على هيمنتهم بأي ثمن، حتى لو تطلب ذلك التدمير المنهجي للآخرين.

إن الدليل الأكثر رعبًا على هذا الدافع المتعصب يكمن في تطوير واستخدام والاحتفاظ المستمر بأسلحة الدمار الشامل. فالأسلحة النووية لم تُخترع فحسب، بل استُخدمت بالفعل. ففي عام 1945، دُمرت مدينتان في اليابان - هيروشيما وناغازاكي - بالقنابل الذرية، مما أسفر عن مقتل عشرات الآلاف من المدنيين على الفور وتسميم البيئة لأجيال. ولم يقتصر الدمار على الانفجار المباشر؛ بل إن التساقط الإشعاعي حكم على الناجين بمعاناة وموت مروّعين، بينما جعل مناطق بأكملها خطرة لعقود.

وبعيدًا عن كونها مأساة معزولة من الماضي، فإن هذا المنطق المدمر مستمر حتى اليوم. فقد استُخدمت الأسلحة الكيميائية وذخائر اليورانيوم المستنفد في الصراعات الحديثة، تاركة وراءها آثارًا من السرطان والعيوب الخلقية والانهيار البيئي. وهذه الأسلحة، بحكم تصميمها، لا تفرق ولا يمكنها أن تفرق بين جندي ومدني، وبين هدف عسكري وطفل لم يولد بعد.

إن مجرد وجود هذه الأسلحة وصيانتها يكشف بشكل أساسي الإفلاس الأخلاقي لإطار حقوق الإنسان المدفوع بالفردية. فهو يكشف عن تناقض صارخ: مجتمعات تعلن بصوت عالٍ التزامها بـ "حقوق الإنسان العالمية" تقوم في الوقت نفسه باستثناءات شائنة لأنفسها - استثناءات تسمح بالتدمير الكامل لتجمعات سكانية وأنظمة بيئية ومستقبل بأكمله، لمجرد الحفاظ على مكانتها المتميزة في العالم.

لا يوجد أي ترابط منطقي أو أخلاقي في التبشير بالحق المتساوي لجميع البشر في الحياة والكرامة، بينما يتم تخزين أسلحة الغرض الأساسي منها هو الإبادة العشوائية والتهديد باستخدامها (أو تنفيذه). مثل هذه الأعمال ممكنة فقط في ظل نظرة عالمية ترى أن بعض الأرواح أكثر قيمة بطبيعتها من غيرها، وأن بقاء وتفوق جماعة معينة يستحق أي فظاعة.

إن الحجم الهائل للتدمير الذي تحدثه الأسلحة النووية والكيميائية والإشعاعية يتجاوز نطاق أي عنف عادي؛ إنه اعتداء ليس فقط على البشر، بل على الحياة نفسها. والادعاء بحماية حقوق الإنسان مع الحفاظ على القدرة - والاستعداد - على التدمير العشوائي ليس مجرد تناقض؛ بل هو أوضح دليل على نظام تخلى عن فكرة الإنسانية العالمية ذاتها. إن إطار حقوق الإنسان المبني على الفردية الراديكالية يكشف عن نفسه ليس كحامٍ للجميع، بل كدرع للقليل - كتبرير للهيمنة والغزو والموت الجماعي، وكل ذلك مُغطى بلغة الحقوق.

إن عواقب إطار الحقوق هذا واضحة الآن بشكل مؤلم على الساحة العالمية. فمن إرث الاستعمار إلى الأزمات البيئية التي نواجهها اليوم، تركت الملاحقة الجامحة للحقوق باعتبارها استحقاقات أثرًا من العواقب الكارثية. وقد ساهمت فكرة أن الحقوق تنتمي حصريًا إلى جماعات معينة، بناءً على "حضارتها" وقوتها، في تفاقم عدم المساواة العالمية واستنزاف الموارد والتدهور البيئي. ومع إضفاء الطابع المؤسسي على حقوق الإنسان في النظم القانونية الغربية وتوسعها عالميًا من خلال أطر مثل الإعلان العالمي لحقوق الإنسان، فإن التفاوت بين المتميزين والمهمشين لم يزدد إلا عمقًا.

محدودية الفردية والحاجة إلى نموذج مفاهيمي جديد

لقد كانت رؤية التنوير لحقوق الإنسان - المتجذرة في الفردية والاستحقاق وتفضيل جماعات معينة - ذات أهمية تاريخية وعميقة الإشكالية في آن واحد. وقد ترتبت على النهج المتمحور حول الفرد في حقوق الإنسان، مع تركيزه على الاستقلال الذاتي الفردي والملكية، عواقب بعيدة المدى، كان العديد منها كارثيًا على نطاق عالمي. ولا تقتصر هذه العواقب على مجال عدم المساواة الاجتماعية أو السياسية، بل تمتد لتشمل التدمير البيئي واستنزاف الموارد وتفاقم الفقر العالمي.

لمعالجة هذه التحديات، يجب أن نتجاوز الإطار التقليدي لحقوق الإنسان وأن نبدأ في طرح أسئلة أساسية حول العالم الذي نصنعه. كيف يمكننا حل الأزمات المتفاقمة المتمثلة في تغير المناخ والديون السيادية وعدم المساواة الاجتماعية والاقتصادية إذا ظل خطاب الحقوق متجذرًا في إطار فردي ضيق ؟ ماذا لو كانت حقوق الفرد، كما صاغها تقليد التنوير، جزءًا من المشكلة وليست جزءًا من الحل ؟

هنا تقدم مبادئ التفكير المنظومي تصحيحًا حيويًا. فالتفكير المنظومي، باعتباره نهجًا شموليًا، يؤكد على الترابط والتكافل بين جميع الأشياء. وبدلاً من النظر إلى الأحداث أو الظواهر بمعزل عن غيرها، يشجعنا التفكير المنظومي على فهمها كجزء من شبكة أوسع وديناميكية من الأحداث والتفاعلات. فكل نتيجة، سواء كانت إيجابية أو سلبية، هي نتاج نظام معقد من العوامل المساهمة - طبيعية وبيولوجية واجتماعية واقتصادية وبيئية وسياسية - يؤثر كل منها على الآخر.

من أهم الرؤى التي يقدمها التفكير المنظومي هو الاعتراف بأن العالم ليس مجموعة من كيانات فردية معزولة، بل نظام معقد وديناميكي ومترابط تمامًا وكليًا. يشجعنا هذا المنظور على ألا ننظر فقط إلى حقوق الأفراد، بل إلى حقوق جميع الكائنات، بشرية وغير بشرية، داخل نظام بيئي مستدام.

وعند تطبيقه على خطاب حقوق الإنسان، فإن هذا التحول في المنظور عميق. فإذا أعدنا صياغة حقوق الإنسان من خلال عدسة التفكير المنظومي، فإننا نبدأ في رؤية محدودية نموذج الاستحقاق الفردي الذي هيمن على الفكر الغربي لقرون. إن مفهوم "حقوق الإنسان" كما تم تصوره - المتجذر في حق البشر في المطالبة بالموارد والثروة والسلطة - معيب بشدة. فقد أدى إلى إدامة ممارسات غير مستدامة واستغلال مفرط للموارد وعدم مساواة اجتماعية أوصلتنا إلى حافة الانهيار البيئي وعدم المساواة العالمية.

وبينما ندرس الأزمات العالمية في القرن الحادي والعشرين - بدءًا من الصراعات الدامية إلى تدهور التربة وتلوث الهواء والماء وتغير المناخ - يصبح من الواضح بشكل متزايد أن تركيز الفرد في خطاب حقوق الإنسان قد ساهم في بعض النتائج الأكثر تدميراً وكارثية في التاريخ الحديث.

ولنأخذ على سبيل المثال قضية تغير المناخ. فالاستغلال الجامح للموارد الطبيعية والتدهور البيئي الناتج ليسا مجرد نواتج ثانوية لأفعال فردية؛ بل هما مشكلات نظامية متجذرة في نظرة عالمية تعطي الأولوية لحقوق الأفراد، ليس الأفراد الضعفاء الذين يحتاجون ويستحقون الحماية، بل أولئك الذين يتمتعون بالسلطة والثروة، للمطالبة بالموارد الطبيعية والسيطرة عليها. وقد سمح هذا الإطار الفردي لنخبة صغيرة قوية بتجميع ثروات هائلة - تريليونات الدولارات - بينما يعيش مليارات الأشخاص حول العالم في فقر، ويكافحون ظروف معيشية غير مستدامة، ويواجهون فقدان الحقوق الأساسية في الهواء النظيف والماء والأرض الصالحة للاستخدام.

وفي الوقت نفسه، أدت هذه الفردية إلى إضعاف المجتمعات، وخاصة تلك الموجودة في الجنوب العالمي، والتي تُقوّض حقوقها ومواردها بشكل منهجي من قبل الشركات والحكومات القوية التي تحركها ضرورة تعظيم الأرباح. ومع تدفق اللاجئين المناخيين إلى المدن، وتزايد الصراعات على المياه والأراضي، نرى العواقب المباشرة لخطاب حقوق يركز على الاستحقاق الفردي بدلاً من المسؤولية الجماعية والإشراف المشترك على موارد الأرض. وهكذا، أصبح إطار حقوق الإنسان كما تصوره مفكرو التنوير - الاستحقاق في الثروة والحرية والملكية - أداة للهيمنة العالمية، مما يؤدي إلى إدامة عدم المساواة النظامية وتقويض الجهود الرامية إلى خلق عالم عادل ومستدام. وفي هذا الإطار، لا تكون حقوق الإنسان عالمية، بل تقتصر بدلاً من ذلك على أقلية صغيرة متميزة تحمي الدولة وأنظمتها القانونية مطالباتها.

حذف "الإنسان" من حقوق الإنسان

هنا يقدم التفكير المنظومي بديلاً: من خلال تحويل تركيزنا من حقوق الإنسان باعتبارها استحقاقات إلى حقوق باعتبارها مطالبات لجميع الكائنات، بغض النظر عن وضعها البشري أو غير البشري. بعبارة أخرى، إذا جردنا حقوق الإنسان من التركيز على "الإنسان"، فإننا نصل إلى فهم أوسع للحقوق - حقوق لا تنتمي إلى الأفراد فحسب، بل إلى جميع الكائنات بحكم وجودها. ماذا يعني هذا التحول عمليًا؟ يعني الاعتراف بأن الحق في الوجود، والعيش دون تهديد بالانقراض أو الإساءة أو الاستغلال، ليس امتيازًا بل استحقاقًا أساسيًا مستحقًا لجميع الكائنات - سواء كانت بشرية أو غير بشرية. ويعني أن الحقوق لا ينبغي أن تُعرّف بمجرد القدرة والقوة على المطالبة بها، بل بالكرامة المتأصلة للوجود نفسه.

بتطبيق هذا الإطار القائم على النظم، نبدأ في إدراك أن حقوق الإنسان، في شكلها الحالي، غير مستدامة لأنها تستند إلى نظرة عالمية تفترض موارد لا نهائية ونموًا غير محدود واستهلاكًا غير مقيد. بدلاً من ذلك، فإن تصورًا أكثر شمولية للحقوق - تصورًا يعترف بحقوق النظم البيئية والأنواع والأجيال القادمة - يسمح لنا باستعادة التوازن بين البشر والكوكب. يقودنا هذا التأطير الجديد إلى فهم أن حقوق الإنسان الحقيقية لا يمكن تحقيقها إلا عندما يتم الاعتراف بحقوق الطبيعة وحقوق المجتمع الجماعي وحمايتها أيضًا.

من خلال تحديد وتطبيق مبادئ التفكير المنظومي المناسبة والملائمة، يمكننا البدء في تفكيك الإطار الفردي القديم لحقوق الإنسان واستبداله بنهج أكثر شمولية واستدامة - نهج يأخذ في الاعتبار الترابطات بين البشر والحياة غير البشرية والبيئة. هذا النهج غير هرمي، ويعترف بأنه لا يوجد كائن فوق آخر وأن جميع أشكال الحياة جزء من نظام أكبر ومترابط.

في هذا الإطار الأكثر تكاملاً، لا تعتبر حقوق الإنسان استحقاقات يطالب بها الأفراد على حساب الآخرين، بل هي مسؤوليات مشتركة تعكس الترابط بين جميع الكائنات الحية. حقوق الإنسان، في هذا النموذج الجديد، ليست منفصلة عن حقوق الطبيعة أو حقوق الأجيال القادمة؛ بل هي جزء من نظام مستمر وديناميكي يتطور بمرور الوقت استجابة للاحتياجات والتحديات والقيم المتغيرة.

هذا التحول - من الاستحقاق إلى المسؤولية، ومن الفردية إلى الاعتماد المتبادل - ليس مجرد نظري. بل يقدم لنا خريطة طريق عملية لمعالجة الأزمات التي نواجهها. من خلال الاعتراف باستحقاق جميع الكائنات في الوجود والمعاملة بكرامة واحترام، يمكننا البدء في خلق عالم تكون فيه الحقوق أكثر من مجرد هياكل قانونية - بل تصبح الأساس لمجتمع مستدام وعادل حقًا.

رسالة في الحقوق: رؤية شمولية للحقوق تتجاوز الإنسان

بالعودة إلى رسالة في الحقوق، وبالنظر إليها من خلال عدسة التفكير المنظومي، يمكننا أن نقبل أنها تقدم إطارًا تحويليًا وشموليًا لفهم الحقوق - إطارًا يتجاوز المنظور المتمحور حول الإنسان. بعد تحديد القيود المفروضة على التصور التقليدي لحقوق الإنسان في عصر التنوير - المتجذر في الاستحقاق الفردي والاستثناء البشري - يصبح من الواضح أن هناك حاجة ماسة إلى نهج جديد وأكثر شمولية. عند النظر إليها من خلال عدسة التفكير المنظومي، تبرز رسالة في الحقوق باعتبارها تعبيرًا عميقًا عن الحقوق لا يعطي الأولوية للإنسان باعتباره الشخصية المركزية أو المهيمنة داخل الشبكة الأوسع للوجود. بدلاً من ذلك، تتصور الحقوق باعتبارها جزءًا لا يتجزأ من نظام الحياة بأكمله، وتضع البشر كجزء من العالم الطبيعي، مترابطين مع البيئة وجميع الكائنات الحية فيها. يحول هذا المنظور التركيز بعيدًا عن الاستحقاق البشري وحده ويؤكد على الترابطات والاعتمادات التي تحدد وجودنا.

حذف "الإنسان" من حقوق الإنسان: إعادة تأطير تحويلية

في قلب هذه الرؤية يكمن إعادة تفكير جذرية في فكرة "الحقوق" ذاتها. في عالم تُؤطر فيه حقوق الإنسان عادةً على أنها استحقاقات فردية - حقوق يطالب بها البشر بحكم إنسانيتهم - تتحدى رسالة في الحقوق هذا المفهوم من خلال اقتراح أن الحقوق ليست حكرًا على الإنسان وحده. تؤكد الرسالة، عند النظر إليها من منظور التفكير المنظومي، أن الحقوق لا تقتصر على الأفراد، وبالتأكيد ليست على الأقوياء. تمتد الحقوق إلى جميع أجزاء النظام البيئي، وإلى جميع الكائنات التي يعتبر وجودها حيويًا لاستدامة العالم.

بإزالة "الإنسان" من "حقوق الإنسان"، تركز رسالة في الحقوق على النظم التي تدعم الحياة. تعلمنا أن نرى الإنسان ليس سيد الطبيعة ولا متفوقًا عليها، بل جزءًا واحدًا من شبكة واسعة ومترابطة. لا يوجد البشر بمعزل عن العالم؛ بل يوجدون داخله، ويعتمدون على صحة الأرض ورفاهية جميع الكائنات التي تسكنها. تذكرنا رسالة في الحقوق بأنه لكي نفهم حقًا معنى الحقوق، يجب أن نرى البشر كجزء من نظام حي، مترابطين مع أشكال الحياة الأخرى، ومسؤولين عن سلامة العالم من حولهم.

تخيل عالمًا لا يكون فيه الإنسان القوة المهيمنة، بل عضوًا في نفس النظام الذي يدعم الحياة. في مثل هذا العالم، لن ينظر البشر إلى أنفسهم على أنهم ملاك الأرض أو الهواء أو المياه، بل كأوصياء على هذه الموارد. لن يروا أنفسهم سادة على الكائنات الأخرى، بل شركاء في رقصة الحياة المستمرة، يتفاعلون مع الطبيعة بطرق مفيدة ومحترمة للطرفين.

تتطلب هذه الرؤية للحقوق - كما وردت في رسالة في الحقوق - تحولًا جذريًا في طريقة تفكيرنا في الإنسان. إنها تطلب منا أن نعترف بأن حقوق الإنسان ليست مجرد حقوق للفرد، بل الحقوق الجماعية للفرد كجزء من الكل. إنها تدعو إلى الاعتراف بحقوق أجسادنا، وليس عقولنا فقط. هذا إطار للحقوق يكرم كمال الإنسان - أعيننا وأيدينا وأقدامنا وقلبنا وعقلنا وجلدنا وعظامنا ودمنا وعرقنا ودموعنا - جميع العناصر التي تسمح لنا بتجربة الحياة بشكل كامل. في هذا الإطار، يجب علينا أيضًا قبول المسؤولية عن هذه الأجزاء من أنفسنا، تمامًا كما نحن مسؤولون عن رفاهية البيئة وجميع الكائنات التي تشاركنا عالمنا.

تتحدى رسالة في الحقوق فكرتنا ليس فقط في حقوق الإنسان، بل في حقوق جميع الكائنات - حقوق الأرض، وحقوق الماء، وحقوق الغابات والمحيطات، وحقوق الحيوانات والنباتات التي تعمر الأرض. في هذه النظرة الشمولية، لا تنفصل حقوق الإنسان عن الحقوق البيئية، بل لا تنفصم عنها. يرتبط رفاه الإنسان بصحة الكوكب، ويجب أن يشكل هذا الترابط أساس أي تصور عادل ومستدام حقًا للحقوق.

تخيل عالمًا لا يسعى فيه البشر إلى الهيمنة أو الاستخراج من البيئة لتحقيق مكاسب قصيرة الأجل، بل يعترفون بدلاً من ذلك بأن بقاءهم على المدى الطويل يعتمد على صحة ورفاهية العالم الطبيعي. في مثل هذا العالم، ستكون حقوق الإنسان مستدامة بطبيعتها - لأن حقوق الإنسان سترتبط بحقوق البيئة، وكلاهما سيرتكز على مبادئ الاعتماد المتبادل والمسؤولية المشتركة.

هذه ليست دعوة للبشر للتخلي عن إرادتهم أو استقلاليتهم، بل تذكير بأن الإرادة لا تكون ذات مغزى إلا عندما تمارس في انسجام مع البيئة والنظم التي تدعمنا. إنها دعوة إلى تفكير تحويلي - إعادة تصور لإطار الحقوق يشمل احتياجات كل من البشر والعالم الذي يدعمهم. هذا هو جوهر النهج القائم على النظم للحقوق: رؤية تسعى إلى التوازن، لا الهيمنة، وتعترف بالمسؤولية المتبادلة بين البشر وجميع الكائنات الحية الأخرى.

يدعونا هذا المنظور - الذي اقترحته رسالة في الحقوق - إلى التفكير فيما وراء اللحظة الآنية والاعتراف بحقوق الأجيال القادمة. عندما ندرك أن حقوق الإنسان مرتبطة بعمق برفاهية البيئة، فإننا نحول تركيزنا بشكل طبيعي إلى الاستدامة طويلة الأجل. ينقلنا هذا الفهم للحقوق بعيدًا عن الاستغلال قصير الأجل ونحو رؤية طويلة الأجل تحمي حقوق البشر في المستقبل، وكذلك حقوق الكائنات غير البشرية.

في هذه النظرة العالمية، تطلب منا رسالة في الحقوق أن نفكر ليس فقط فيما نستحقه، بل أيضًا فيما ندين به للآخرين، بشرًا وغير بشر. إنها تجبرنا على أن نسأل: كيف يمكننا ضمان ألا تأتي الحقوق التي نطالب بها اليوم على حساب حقوق أولئك الذين سيعيشون من بعدنا، أو النظم البيئية التي سيعتمد عليها بقاؤهم؟

إن القوة العظيمة لرسالة في الحقوق، عند النظر إليها من خلال عدسة التفكير المنظومي، تكمن في إمكاناتها التحويلية. من خلال تجريد الخطاب التقليدي لحقوق الإنسان من التركيز المتمحور حول الإنسان، تخلق الرسالة رؤية أكثر توازناً - رؤية تضع البشر في النظام الأكبر للحياة، حيث لا تكون الحقوق مسألة استحقاق بل مسألة مسؤولية. هذا النوع من التفكير لا يقلل من حقوق الإنسان؛ بل يعززها، من خلال ضمان توافق حقوق الإنسان مع حقوق العالم الذي يعيش فيه البشر. إنها تدعو إلى استعادة حقوق الإنسان بطريقة أكثر استدامة، طريقة تعترف بقيمة كل كائن - بشري وغير بشري - وبالكرامة المتأصلة للحياة نفسها. إنها تدعو إلى تحول من الامتياز إلى المسؤولية، ومن الهيمنة إلى التعايش، ومن الاستغلال إلى الرعاية.

التفكير المنظومي وحدود الفردية: إعادة تأطير حقوق الإنسان من خلال رسالة الحقوق

باستخدام أدوات التفكير المنظومي، يصبح من الصعب على نحو متزايد الحفاظ على فكرة الفرد الإنساني باعتباره حاملًا للحقوق مكتفيًا ذاتيًا ومستقلاً - وهي فكرة تأسيسية لفلسفة حقوق الإنسان الغربية الحديثة. فالمثل الأعلى للتنوير، الذي يستند إليه مفكرون من جون لوك إلى إيمانويل كانط، يتصور الفرد كفاعل عقلاني وموجه ذاتيًا، توجد كرامته وحقوقه بشكل مستقل عن الهياكل الخارجية. وبينما خدم هذا التصور كأساس فكري للعديد من أطر حقوق الإنسان الدولية، فإنه يبدأ في التزعزع عند فحصه من خلال عدسة نظرية النظم، خاصة في ضوء مبدأين أساسيين: الترابط وخارجية القوة المحركة.

الترابط: الإنسان ككائن متعدد الأنظمة

تقدم رسالة الحقوق - على الرغم من أنها سابقة للحداثة ومؤطرة لاهوتيًا - مثالًا قويًا لأنثروبولوجيا أخلاقية قائمة على النظم. فهي تعترف بالإنسان ليس كوحدة متجانسة مكتفية ذاتيًا، بل كتعدد لأنظمة بيولوجية ونفسية وروحية واجتماعية متكاملة. وعلى أبسط مستوى، تقر الرسالة بأن الفرد الإنساني مركب من أنظمة فرعية بيولوجية: الجهاز التنفسي والجهاز الهضمي والجهاز الدوري والجهاز الهيكلي والجهاز العصبي - وكلها يجب أن تعمل بتناغم وترابط لكي تكون الحياة والوعي ممكنين. إن تعداد الرسالة للحقوق المستحقة للعين والأذن واللسان والمعدة والقدم وما إلى ذلك، ليس قائمة أخلاقية مبسطة، بل خريطة أخلاقية موجهة نحو النظم للجسم البشري. يُعامل كل عضو كفاعل متميز له "حقوقه" الخاصة، ويجب تكريمه فيما يتعلق بالكل. وهذا يستبق الرؤى الحديثة من علم وظائف الأعضاء وعلم التحكم الآلي وعلم الأحياء النظمي، التي تؤكد على أنه لا يمكن لأي جزء منفرد من الكائن الحي أن يعمل بمعزل عن غيره دون المساس بسلامة النظام.

وبالتوسع إلى ما وراء الجسد، توضح الرسالة أن الفرد مغروس عضويًا في البيئة الطبيعية والاجتماعية. يعتمد الإنسان على العالم الطبيعي في غذائه - الهواء والماء والغذاء وتنظيم درجة الحرارة - وعلى العالم الاجتماعي في بقائه وازدهاره. فمنذ لحظة الولادة، يولد الإنسان في شبكات من القرابة والرعاية واللغة والثقافة والحكم والروحانية. لذلك، لا يوجد شيء اسمه كائن بشري معزول، سواء بيولوجيًا أو اجتماعيًا. لا يوجد الذات إلا كعقدة في شبكة من العلاقات تمتد من أصغر ميكروب إلى النظام الكوني. في مثل هذا الواقع، ليس من المضلل فحسب بل ومن غير المتسق من الناحية المفاهيمية تأطير حقوق الإنسان كما لو أنها يمكن أن تنتمي إلى فرد بمعزل عن غيره.

يفترض النموذج الغربي الحديث، على النقيض من ذلك، درجة من الانفصال غير موجودة في العالم الحقيقي. تُعامل الحقوق في هذا النموذج كخصائص متأصلة في الأفراد - منفصلة عن الالتزامات، ومنفصلة عن البيئة، ومنفصلة عن النظم الأكبر التي تجعل الشخصية ممكنة. يكشف التفكير المنظومي أن هذا وهم مفاهيمي. يجب أن تستند الحقوق، إذا كان لها معنى حقيقي، إلى الاعتراف بالفرد باعتباره مغروسًا ويعتمد على بيئة معقدة من العلاقات. إن رسالة الحقوق، على الرغم من أنها كتبت منذ أكثر من ألف عام، تجسد هذه الرؤية بوضوح مدهش.

خارجية القوة المحركة: الحقوق تحتاج إلى قوة من خارج الفرد

هناك مبدأ آخر من نظرية النظم يزيد من زعزعة أسس الفردية القائمة على الحقوق: فكرة أنه لا يمكن لأي نظام أن يعمل بالطاقة الداخلية وحدها. يتطلب كل نظام وظيفي - سواء كان كائنًا حيًا بيولوجيًا، أو نظامًا بيئيًا طبيعيًا، أو آلة، أو مؤسسة اجتماعية - مدخلات من مصدر طاقة خارجي ليظل نشطًا ومستدامًا وتفاعليًا مع عناصر العالم التي يرتبط بها. لا يمكن للقلب أن يضخ الدم بدون طاقة كيميائية حيوية؛ ولا يمكن للمجتمع أن يحافظ على العدالة بدون موارد أخلاقية ومادية؛ ولا يمكن لنظام قانوني أن ينفذ الحقوق بدون إرادة سياسية واستثمار اقتصادي وقناعة أخلاقية.

عند تطبيق ذلك على حقوق الإنسان، يعني هذا أن تحقيق الحقوق لا يمكن أن يتم تفعيله بإرادة فردية أو استحقاق قانوني وحده. يتطلب فعل تأمين الحقوق والمطالبة بها والدفاع عنها قوى محركة خارجية: هياكل مؤسسية، ودعم ثقافي، وتعليم أخلاقي، واستقرار سياسي، وحتى دافع روحي. إن فكرة "الحقوق غير القابلة للتصرف" تخاطر بالانهيار إلى مجرد تجريد إذا تجاهلت المدخلات النظامية الضرورية لجعل تلك الحقوق ذات مغزى وفعالية.

تعترف رسالة الحقوق بذلك من خلال تأسيس جميع الحقوق على الأمر الإلهي والواجب العلائقي. في هذا الإطار، لا تأتي الطاقة الأخلاقية من الإرادة المعزولة للذات وحدها، بل من مصدر خارجي للسلطة المقدسة - الله - وكذلك النظام الاجتماعي والكوني الذي يحيط بالإنسان. يتم تنشيط الحقوق من خلال الوفاء بالواجبات تجاه الآخرين، وتجاه الذات، وتجاه جسد المرء، وفي النهاية تجاه الخالق. هذا النموذج، على الرغم من أنه يعمل خارج الحداثة العلمانية، يجسد مبدأ النظم القائل بأن الوظائف الأخلاقية والاجتماعية تتطلب مصادر تنشيط خارجية. بدلاً من النظر إلى الفرد كمنتج مستقل للعدالة، تقدم الرسالة رؤية تكون فيها العدالة نتاج التوافق مع نظام أكبر ومنظم.

في ضوء هذه الرؤى التي تحققت من خلال عملية طويلة من النمو والتأمل، توصلت إلى أن قراءتي السابقة المتحفظة لرسالة الحقوق لم تكن اختزالية فحسب، بل تشكلت بشكل أساسي من خلال عدسة مفاهيمية معيبة - عدسة عزلت الفرد عن النظم التي تجعل الحياة الإنسانية ممكنة وذات مغزى. بتطبيق التفكير المنظومي - وخاصة مبادئ الترابط والقوة المحركة الخارجية - أدرك الآن الرسالة باعتبارها تعبيرًا غنيًا ومتماسكًا أخلاقيًا وواعيًا بالنظم للكرامة الإنسانية. قد لا تشبه القواعد الليبرالية للحقوق كما تم تدوينها في القانون الدولي الحديث، لكنها تقدم إطارًا بديلاً حيويًا - إطارًا قائمًا على المسؤولية والاعتماد المتبادل والتماسك النظامي.

بدلاً من السؤال عما إذا كانت النصوص الإسلامية الكلاسيكية "لديها حقوق إنسان" بالمعنى الحديث، يجب أن نسأل عن نوع الأنظمة الأخلاقية التي تتصورها، ونوع الإنسان الذي تتخيله. وبقيامنا بذلك، قد لا نوسع الخطاب حول حقوق الإنسان فحسب، بل نصحح أيضًا افتراضاته الأكثر تقييدًا - بدءًا بوهم الفرد المستقل.

كشخص تنقل بين التراث الإسلامي ومجال حقوق الإنسان المعاصر، توصلت إلى الاعتقاد بأن رسالة الحقوق تقدم شيئًا نحتاجه بشدة اليوم: نموذجًا للحقوق شاملاً وخاضعًا للمساءلة ومتجذرًا في كرامة إنسانية مشتركة تتجاوز الحدود الثقافية. لا يمكننا بناء مستقبل تكون فيه حقوق الإنسان عالمية حقًا إلا من خلال إعادة النظر في الماضي بأطر جديدة - ليس عن طريق تسطيح الاختلافات الثقافية، بل عن طريق الاستفادة من ثرائها.

إلى أين نمضي من هنا؟

في ضوء الإخفاقات التي وسمت خطاب حقوق الإنسان الحديث - توظيفه المتكرر لأغراض سياسية، وتطبيقه الانتقائي، وخضوعه لروح الفردية - خلص البعض إلى ضرورة التخلي عن مفهوم حقوق الإنسان ذاته. مثل هذا الاستنتاج، وإن كان ربما مفهومًا، سيكون في نهاية المطاف تراجعًا إلى نفس قصر النظر والأنانية التي ساهمت في تآكل حقوق الإنسان كمشروع أخلاقي حقيقي.

إن الرد المسؤول والضروري ليس التخلي عن لغة الحقوق ومثلها العليا، بل إنقاذها من التشوهات التي لحقت بها. من الضروري إدراك أن جذر العديد من هذه الإخفاقات يكمن في انتصار الفردية - وهي أيديولوجية أعادت تصور الحقوق لا باعتبارها مطالبات أخلاقية تستند إلى الكرامة الإنسانية والمسؤولية الاجتماعية، بل كأدوات للتأكيد الذاتي والتنافس والهيمنة. وقد أدى هذا التحول إلى تفريغ المحتوى الأخلاقي للحقوق، وتحويلها إلى وسائل للمصلحة الذاتية بدلاً من تعبيرات عن أخلاق إنسانية مشتركة.

للمضي قدمًا، يجب أن نعيد تأسيس تصور للحقوق يرتكز على الاحترام - احترام ليس فقط للأقوياء والمتميزين، بل لجميع بني البشر، بل ولجميع أشكال الحياة والوجود التي تشكل البيئة الإنسانية. فقط من خلال إعادة تضمين الحقوق ضمن إطار أوسع من المسؤولية الأخلاقية والاعتماد المتبادل والتواضع يمكننا أن نأمل في استعادة غرضها الحقيقي: حماية الكرامة الإنسانية كأمانة يجب الحفاظ عليها، لا كاستحقاق يجب استغلاله.

بالنسبة للمسلمين على وجه الخصوص، لا ينبغي أن تكون الأصول والتطور الحديثان لخطاب حقوق الإنسان بمثابة تبرير للانفصال أو الرفض. بل يجب أن يحفزا التزامًا متجددًا بالضرورات الأخلاقية المتجذرة بعمق في التراث الإسلامي. لقد أنتجت الحضارة الإسلامية، عبر تاريخها الطويل والمتنوع، مدونة فكرية وعملية غنية تتعلق بالعدل والحقوق والمسؤوليات - إرث يشمل لحظات من الدعوة المبدئية للكرامة المطلقة للفرد ضمن حدود الشريعة الإلهية والنظام الأخلاقي. وتعد أعمال مثل رسالة الحقوق للإمام زين العابدين شهادات دائمة على رؤية للحقوق لا تقوم على التأكيد الذاتي الفردي، بل على الخضوع للعدل الإلهي والالتزامات المستحقة للآخرين. وهكذا، فإن طريق المضي قدمًا ليس التخلي بل التجديد: إعادة انخراط صارمة ومبدئية مع مفهوم الحقوق كواجبات أخلاقية وكذلك حمايات، تستند إلى رؤية للإنسان ليس كأفراد معزولين ذوي سيادة، بل كأوصياء وأمناء ومشاركين في نظام أخلاقي أوسع.

أحمد سوايعية

جامعة آيوا، آيوا سيتي، 2025.

Persian Translation of the Introduction

مقدمه

بازاندیشی رساله حقوق از منظر چارچوب تفکر سیستمی

«انسان یا برادر دینی توست یا همانند تو در آفرینش.»

وقتی از من دعوت شد تا مقاله‌ای برای این نسخه از رساله حقوق بنویسم، این پیشنهاد برایم امری طبیعی و در راستای علایق و فعالیت‌های علمی‌ام به نظر رسید. من سال‌هاست که این متن را در بسته‌های مطالعاتی درس‌های سطح بالایم در حوزه حقوق بشر، فرهنگ، دین و قانون قرار داده‌ام. تحولات اخیر—چه در این حوزه و چه در سیر رشد شخصی من به عنوان معلم و پژوهشگر—ضرورت و اهمیت نگارش مقدمه‌ای جدید برای رساله حقوق را دوچندان کرده است.

تجربه‌ام با حقوق بشر و علاقه‌ام به شناخت ارتباط میان حقوق با هویت فردی و جمعی، از دوران تحصیلاتم در دانشگاه واشینگتن در مقطع تحصیلات تکمیلی آغاز شد. از آن زمان تاکنون—در طی بیش از دو دهه—هر ساله درس‌هایی در حوزه حقوق بشر

تدریس کرده‌ام. همه آثار منتشرشده‌ام نیز به نحوی با مسائل حقوق بشر در ارتباط بوده‌اند. از زمانی که به عنوان دانشجوی دکترا دوره‌ای با عنوان «حقوق بشر و اسلام» برگزار کردم، تلاش کردم تا به این حوزه که عمدتاً در سلطه رویکردهای فلسفی و حقوقی است، روشنی، عمق و نگاهی تجربی ببخشم.

در این سال‌ها، از دوره‌های مقدماتی برای دانشجویان کارشناسی گرفته تا سمینارهای پیشرفته برای دانشجویان دکترا و حقوق، در طیف گسترده‌ای از موضوعات و رویکردها تدریس کرده‌ام؛ از مبانی فلسفی حقوق گرفته تا وضعیت حقوق بشر در قوانین ملی و بین‌المللی، و نیز پیوندهای فرهنگی و تاریخی با مسائلی که کمابیش با حقوق در ارتباط‌اند. مسیر پژوهشی من از حقوق مالکیت و قوانین ارث—که موضوع پایان‌نامه‌ام بود—تا حقوق زنان—که محور نخستین کتاب علمی‌ام بود—و از مشروعیت و اعتراض در جوامع اسلامی—که موضوع دومین کتابم بود—تا تأمل بر چگونگی مفهوم‌پردازی حقوق بشر در اندیشه عصر روشنگری و اندیشه اسلامی مدرن را دربرگرفته است.

با این حال، تنها در هفت سال گذشته و از طریق به‌کارگیری چارچوب تفکر سیستمی—و در پرتو مشاهده برخی از مهم‌ترین تحولات جهانی قرن اخیر—فهم من از حقوق بشر به عمقی تازه رسید. اگرچه با خطوط کلی تحلیل سیستمی در برخی از شاخه‌های علمی آشنایی داشتم، و می‌دانستم که از دهه ۱۹۵۰ میلادی در برخی علوم اجتماعی نیز مورد استفاده قرار گرفته، اما در حین ترجمه بخش‌هایی از مقدمه ابن‌خلدون بود که با معنای واقعی و کارکرد چارچوب تفکر سیستمی به شکلی عمیق آشنا شدم.

ابن‌خلدون، که بیشتر در غرب و حتی در میان اندیشمندان مسلمان معاصر به عنوان مورخ اجتماعی شناخته می‌شود، برای کسانی که به‌طور جدی به مطالعه آثار او می‌پردازند و شیوه اندیشه‌اش را درک می‌کنند، نظریه‌پردازی است که به پیچیدگی‌های درونی و ذاتی جهان اجتماعی واقف بود—جهانی که نمی‌توان آن را با روابط علت و معلولی ساده و خطی توضیح داد. رویکرد کل‌نگر او، نتیجه بینش تیز، تحصیلات گسترده، تجربه حرفه‌ای و سفرهای مکررش بود. او به همان اندازه که با اعتماد به نفس درباره تاریخ به‌صورت توصیفی سخن می‌گفت، به‌صورت تجویزی درباره علوم طبیعی و نظریه‌های انتزاعی نیز نظر می‌داد.

او دانش گذشته را از بزرگان تمدن‌های کهن و معاصر اخذ کرد و با یافته‌های زمان خود درآمیخت و در عین حال بر این اصل پای می‌فشرد که همه رخدادها نتیجه کارکرد سامانه‌های طبیعی و اجتماعی هستند که جز از طریق رویکردی کل‌نگر که بر دانسته‌های معتبر هر نسل از انسان‌ها متکی باشد، قابل درک و مدیریت نیستند. قوانینی که ابن‌خلدون در قالب تفکر سیستمی تبیین می‌کرد، به من کمک کردند تا برخی از پیچیده‌ترین مسائل اجتماعی—از جمله حقوق و مسئولیت‌های انسانی—را با دقتی بیشتر تحلیل کنم.

تفکر سیستمی که در دوران مدرن توسعه یافت، با تأکید بر پیوستگی عناصر، حلقه‌های بازخورد، و پویایی در حال تغییر، به من امکان داد تا به حقوق بشر نه به عنوان مجموعه‌ای از هنجارهای اخلاقی منفرد یا الزام‌های قانونی، بلکه به عنوان نظام‌هایی در حال تحول بنگرم که تحت تأثیر شرایط تاریخی، تعاملات فرهنگی، مباحث فلسفی و تجربه‌های زیسته شکل می‌گیرند. همین درک در سطح نظام‌ها بود که مرا بر آن داشت تا بسیاری از متون بنیادین را—چه مشهور و چه مغفول‌مانده—مجدداً مورد مطالعه قرار دهم.

رساله حقوق اثر علی بن حسین، زین‌العابدین (۵۸–۹۵ هجری شمسی / ۶۵۸–۷۱۲ میلادی)، نتیجه چنین بازنگری بود. او که از نوادگان پیامبر اسلام و از بازماندگان یکی از فجیع‌ترین حملات امویان به خاندان پیامبر بود، در این رساله دیدگاهی جامع و دقیق از حقوق و مسئولیت‌ها ارائه می‌دهد که حوزه‌های روحی، اجتماعی، فردی و سیاسی را دربرمی‌گیرد.

آنچه این اثر را درخور توجه و به‌ویژه برای امروز ما ضروری می‌سازد، رویکرد تلفیقی آن به مفهوم حقوق است. رساله حقوق، حقوق را نه به‌عنوان ادعاهایی انتزاعی یا امتیازاتی فردی، بلکه در قالب شبکه‌ای از وظایف متقابل مطرح می‌کند؛ جایی که عدالت و مسئولیت متقابل، نه تنها میان انسان‌ها، بلکه میان موجودات زنده و غیرزنده، اندیشمند و بی‌جان، جزء و کل، پیوند برقرار می‌کند.

این دیدگاه با خواست‌های معاصر برای فهمی رابطه‌محور و نه فردگرایانه از حقوق بشر هم‌خوانی دارد. افزون بر آن، رساله حقوق تصویری از حقوق ارائه می‌دهد که از نظر معنوی عمیق ولی غیرمذهبی، از نظر اخلاق سخت‌گیر ولی غیرفقهی، و از نظر فرهنگی ریشه‌دار ولی غیرقوم‌گرایانه است—و این ویژگی‌ها آن را به منبعی گران‌بها برای بازاندیشی در شیوه‌های آموزش، نظریه‌پردازی، و اجرای حقوق بشر در بافت‌های فرهنگی و دینی متنوع تبدیل کرده است.

در روش‌های رایج آموزش و اجرای حقوق بشر، به‌ویژه در محیط‌های آکادمیک غربی، برخی متون و سنت‌ها به‌گونه‌ای انحصاری مرجعیت یافته‌اند. گرچه تلاش‌هایی برای گنجاندن صداهای غیرغربی در برنامه‌های درسی صورت گرفته، اما این تلاش‌ها عمدتاً سطحی باقی مانده‌اند. برای آنکه آموزش حقوق بشر واقعاً تنوع‌پذیر و از نظر فلسفی عمیق و از منظر تاریخی آگاهانه باشد، لازم است تا نه صرفاً «افزودن» دیدگاه‌های اسلامی به برنامه درسی، بلکه بررسی جدی، انتقادی و اصیل آن‌ها به‌عنوان منابع اندیشه مستقل صورت گیرد.

رساله حقوق صرفاً یادگاری از تاریخ اسلام نیست؛ بلکه باید به آن به‌عنوان سندی زنده نگریست که توان آن را دارد تا افق‌های فکری کسانی را که در حوزه حقوق بشر تدریس، نگارش و فعالیت می‌کنند، دگرگون سازد.

رساله حقوق: ساختار و گستره

منسوب به امام علی بن الحسین زین‌العابدین (ع)، رساله حقوق به احتمال زیاد به‌صورت مکتوب توسط خود آن حضرت نوشته نشده است. بلکه باید فرض را بر آن نهاد که این متن بعدها توسط یکی از شاگردان ایشان به نگارش درآمده است. احتمالاً این رساله در قالب درس‌ها یا خطبه‌هایی ارائه می‌شده است. فارغ از شکل اولیه آن، محتوای رساله بدون تردید ریشه در قرون نخستین اسلامی دارد. با این حال، این رساله همچنان اثری منحصربه‌فرد در میان متون اخلاقی و حقوقی اسلامی، چه در جامعه شیعه و چه فراتر از آن، به شمار می‌رود.

در مورد نسبت این رساله با گفتمان حقوق بشر، باید گفت که برخلاف تصور رایج از حقوق به‌مثابه فهرستی از مطالبات فردی، رساله حقوق نقشه‌ای از یک منظومه اخلاقی پیچیده ترسیم می‌کند که بیش از پنجاه گونه از حقوق را دربر می‌گیرد؛ از حقوق الهی و کیهانی گرفته تا حقوق شخصی و انسانی. آنچه این متن را به‌طرز بی‌نظیری ویژه می‌سازد، نه فقط وسعت دامنه آن، بلکه درهم‌تنیدگی و ارتباطی است که میان حقوق مختلف فرض می‌گیرد. در این جهان‌بینی، حقوق درون روابط انسانی معنا می‌یابند و هر حقی، متقابلاً مسئولیتی را به همراه دارد. به‌عبارت دیگر، در این دستگاه فکری، حقوق بشر نه در انزوا، بلکه در بستر طبیعی خود قابل فهم‌اند؛ بستری که در آن، انسان با دیگر انسان‌ها و موجودات غیرانسانی زندگی می‌کند و به آن‌ها وابسته است.

این مدل رابطه‌محور، بسیاری از بصیرت‌های اخلاقی و نظریه‌های اجتماعی معاصر را پیش‌بینی می‌کند و پاسخی ممکن به کاستی‌های الگوی مدرن حقوق بشر ارائه می‌دهد؛ کاستی‌هایی که امروزه بیش از پیش مشهود شده‌اند.

اعتراف می‌کنم که به رساله حقوق توجه شایسته‌اش را نداده بودم؛ لذا این‌که رساله تا کنون جایگاه برجسته‌ای در گفتمان معاصر حقوق بشر نیافته است، نباید به عنوان تقصیر تلقی شود، چرا که دلایل متعددی برای آن وجود دارد. نخست آن‌که، رویکرد سکولار و حقوق‌محور نظام‌های حقوقی مدرن، مجالی برای چشم‌اندازهای دینی و اخلاقیِ پیشامدرن باقی نمی‌گذارد. دوم آن‌که، بسیاری از پژوهشگران مطالعات اسلامی، این رساله را صرفاً متنی عرفانی یا معنوی تلقی کرده‌اند و نه منبعی برای نظریه‌پردازی سیاسی، اخلاقی یا حقوقی. سوم آن‌که، آموزش رسمی حقوق بشر، اغلب متونی از دوران روشنگری یا پس از جنگ جهانی دوم را برمی‌گزینند، به‌ویژه آن‌هایی را که با سنت‌های لیبرال غربی هم‌سویی دارند.

با وام‌گیری از اصل ژرف‌اندیشانه ابن خلدون در خصوص تفکر نظام‌مند، باید گفت که ما نیز حاصل نظام‌هایی هستیم که حرفه ما را شکل داده‌اند.

بازخوانی رساله حقوق نباید در چارچوب الزامات روش‌شناختی یا رشته‌ای محدود شود؛ نه صرفاً در بحث حقوق بشر در تفکر دینی، نسبی‌گرایی فرهنگی، یا رویکردهای تاریخی. بلکه باید به‌مثابه یک متغیر تعیین‌کننده تلقی شود که تأثیر آن باید در محاسبه کلی حقوق بشر گنجانده شود؛ چرا که توان آن را دارد تا نشان دهد تمدن‌های گوناگون چگونه حقوق را نه جدا از جامعه، بلکه در دل نظام‌های اخلاقی و اجتماعی درک کرده‌اند.

مطالعه چنین متونی، چارچوبی نیرومند برای اخلاق تطبیقی فراهم می‌کند که نه متکی بر نسبی‌گرایی فرهنگی است و نه مبتنی بر تحمیل فراگیر. علاوه بر این، گنجاندن این‌گونه متون تاریخی در آموزش حقوق، به پیدایش الگوهای تازه‌ای از تعلیم می‌انجامد که عمق تاریخی، بینش‌های میان‌فرهنگی و پیچیدگی‌های اخلاقی و حقوقی را دربر دارد.

شاید مهم‌ترین نکته آن است که رساله می‌تواند پاسخی باشد به گرایش فزاینده گفتمان مدرن حقوق بشر به تأکید افراطی بر مطالبات فردی، بی‌اعتنا به مسئولیت‌های متقابل و پاسخ‌گویی. در این نگرش، عدالت نه صرفاً از راه دادخواهی یا اعلامیه‌ها، بلکه از مسیر پرورش مسئولیت‌های متقابل در همه ساحت‌های زندگی ممکن می‌گردد. این، طبیعت نظام‌های درهم‌تنیده است؛ اصلی که جهانی را توصیف می‌کند که انسان‌ها در آن زیست می‌کنند و کهکشان‌هایی که انسان بدان‌ها می‌اندیشد.

در مقام معلم و پژوهشگر، همواره کوشیده‌ام که پلی میان سنت‌ها بزنم، مفروضات را به چالش بکشم، و افق‌هایی از رویدادهای تاریخی را پیش چشم دانشجویان و خوانندگان بگشایم که بر درک امروزین ما از جهان می‌افزایند. رساله حقوق یکی از آن متون تاریخی بود که می‌پنداشتم دانشجویان باید با آن آشنا شوند. زمانی که این رساله از دریچه «تفکر نظام‌مند» مورد بررسی قرار می‌گیرد، به همراهی ضروری در این مسیر تبدیل می‌شود.

ارج نهادن به این متن، نه تکرار نوستالژیک گذشته‌ای فرهنگی است و نه دفاعی اعتذاری. بلکه تأکیدی است بر این نکته که فهم ما از حقوق بشر زمانی غنی‌تر می‌شود که نقادانه و فراگیر باشد—آنگاه که به متون کهن اجازه دهیم از دردهای نوین و یا دردهایی که با دخالت‌های آسیب‌زای انسانی بدتر شده‌اند، سخن بگویند؛ و آن‌گاه که در زوایای مغفول تاریخ، بذرهای مباحث اخلاقی امروزین خود را بیابیم.

چنانکه ابن خلدون می‌گوید، انسان‌ها فرآورده‌های نظام‌های حرفه‌ای خود هستند. از این منظر، من نیز که در محیط آکادمیک غربی پرورش یافته‌ام—در دانشگاهی آمریکایی آموزش دیده و عمیقاً در سنت لیبرالی حقوق بشر غوطه‌ور بوده‌ام—در ابتدا به متونی چون رساله حقوق امام زین‌العابدین (ع) با همان دیدگاهی نزدیک شدم که اغلب پژوهشگران مدرن، به‌ویژه غربی‌ها، در پیش گرفته‌اند.

آموخته بودم که حقوق، ادعاهایی هستند که باید در برابر قدرت اجرایی شوند، در قالب‌های قانونی ساختار یابند، و بر فردیت خودمختار تمرکز داشته باشند. در مقابل، رساله حقوق به نظر می‌رسید که فاقد عناصر اصلی گفتمان حقوق مدرن است و به‌جای آن، چارچوبی از مسئولیت‌های اخلاقی و پاسخ‌گویی معنوی را ارائه می‌کرد.

این متن، در نگاه نخست، بی‌ارتباط با دستاوردهای دو قرن اخیر در عرصه حقوق بشر می‌نمود—دستاوردهایی که با انقلاب‌ها، قانون‌گذاری‌ها، و نهادهایی مبتنی بر تجربه تاریخی غرب حاصل شده‌اند. اما اکنون درمی‌یابم که چنین تفسیری، حاصل اندیشیدن درون مرزهای یک نظام فکری واحد و چارچوب‌های بسته‌ی رشته‌های دانشگاهی بود.

ناتوانی من در عبور از چارچوب فکری لیبرال، موجب شد که رساله حقوق را آن‌گونه که هست، نبینم: یک نظام اخلاقی پیچیده، درون یک جهان‌بینی که کرامت انسانی را نه از رهگذر دعاوی حقوقی، بلکه از طریق مسئولیت متقابل، فروتنی، تکلیف، و پاسخ‌گویی تعریف می‌کند.

در نظام آموزشی من، جداسازی الهیات از حقوق، اخلاق از سیاست، و معنویت از اجتماع، اصل بود. و در نتیجه، دیدگاه اخلاقی یکپارچه‌ای که رساله ارائه می‌کند را نادیده گرفتم—دیدگاهی که در آن، حقوق به فردی منزوی تعلق ندارد؛ بلکه از درون یک درک کیهانی، رابطه‌مند، و کل‌نگر از انسان پدید می‌آید.

محدودیت فهم من از حقوق، فراتر از درک مدرن آن، ویژگی بارز نگرش اغلب متفکران معاصر در حوزه حقوق بشر است.

روشنگری و فردگرایی

حقوق بشر، آنگونه که امروزه آن را درک می‌کنیم، عموماً به دوران روشنگری بازمی‌گردد؛ دوره‌ای که در آن چشم‌انداز فکری اروپا دگرگون شد و پایه‌های تلقی مدرن غربی از حقوق بشر بنیان نهاده شد. با این حال، اندیشه حقوق بشر از خلأ به‌وجود نیامد، بلکه تحت تأثیر مجموعه‌ای از مبارزات تاریخی، اجتماعی، سیاسی و نظامی شکل گرفت که بستر را برای شکل‌گیری نظام بین‌المللی مدرن حقوق بشر فراهم ساخت. هرچند عناصر گفتار حقوق بشری را می‌توان در سنت‌های پیشین نیز یافت—نظیر نظریه‌های حقوق طبیعی در دوره رنسانس، یا مفاهیم اخلاقی مستتر در اندیشه یونان باستان—اما اندیشمندان دوران روشنگری به طور گسترده‌ای به‌عنوان کسانی شناخته می‌شوند که مفهوم مدرن حقوق بشر را به شکل امروزی آن صورت‌بندی کردند.

این دوران شکوفایی فکری، که از اواخر قرن هفدهم تا قرن هجدهم میلادی ادامه داشت، با چالش‌های عمیق علیه سلطنت مطلقه و اقتدار مذهبی همراه بود، چالشی که در قالب مبارزه با تاج و صلیب تجلی یافت. در همین دوره بود که مفهوم مدرن حقوق بشر به‌عنوان حقوق ذاتی، غیرقابل‌سلب و بدیهی آغاز به شکل‌گیری کرد.

فلاسفه روشنگری همچون جان لاک، ژان‌ژاک روسو، و ایمانوئل کانت در هر بحثی پیرامون حقوق بشر باید مورد اشاره قرار گیرند. این اندیشمندان، و دیگر متفکران آن دوران، معتقد بودند که انسان‌ها دارای حقوق طبیعی مشخصی هستند—همچون حق زندگی، آزادی، و مالکیت—که پیش از وجود حکومت و قانون به آن‌ها تعلق دارد. آنان بر آزادی فردی، قداست مالکیت

خصوصی، و جست‌وجوی سعادت تأکید داشتند. این حقوق—حق زندگی، حق تصمیم‌گیری فردی، و حق کامیابی—از جمله ادعاهایی بودند که بعدها در اسناد بنیادینی همچون اعلامیه استقلال ایالات متحده (۱۷۷۶) و اعلامیه حقوق بشر و شهروند فرانسه (۱۷۸۹) بازتاب یافتند.

اما این حقوق در عمل وجود نداشتند؛ این حقوق تنها به برخی مردان تعلق داشت—مردانی خاص با عناوینی که آن‌ها را از دیگران متمایز می‌کرد: پادشاهان، سلاطین، اربابان، شاهزادگان، و دیگر صاحبان عنوان. ادعای جدید بر آن بود که این حقوق به مردان فاقد عنوان نیز گسترش یابد، ولی نه لزوماً به همه انسان‌ها بدون هیچ قید و شرطی. شواهد این دیدگاه را می‌توان در اسناد و رویدادهای مختلف یافت. در میان این اسناد، گواهی بر حذف عامدانه برخی گروه‌ها، گنجاندن هدفمند آن‌ها در قالب اصلاحات استثنایی در اسناد قانونی و قانون اساسی است که حقوق بشر را به گروه‌هایی مانند زنان، بومیان، و فرزندان بردگان سابق گسترش داد. با این حال، طرد همچنان ادامه دارد: مهاجران هنوز از حقوق اساسی محروم‌اند؛ محکومان به جرم، حقوقی را که پیش‌تر دارا بودند، از دست داده‌اند؛ و حتی شهروندانی که از نژاد یا قومیتی خاص هستند، همچنان در معرض مجازات‌های جمعی و خودسرانه قرار دارند، به‌ویژه هنگامی که گروهی کوچک از هم‌هویت‌هایشان مرتکب خشونتی شوند، مانند آنچه پس از حملات ۱۱ سپتامبر بر سر مسلمانان آمریکایی آمد یا برخورد با ژاپنی-آمریکایی‌ها پس از حمله به پرل هاربر.

در زمانه‌ای نزدیک‌تر، حتی ساکنان قانونی نیز تنها به دلیل استفاده از حق جهانی آزادی بیان و عقیده، با لغو اقامت و اخراج روبه‌رو شده‌اند. با این وجود، اندیشمندان غربی همچنان همان خط فکری را دنبال می‌کنند—خطی که فرد، یا بهتر بگوییم برخی افراد، را در اولویت قرار می‌دهد—و همچنان بر این باورند که حقوق مبتنی بر فرد، مختص تمدن غربی است و سایر برداشت‌ها از حقوق بشر را حقوق واقعی بشر نمی‌دانند.

در سال ۱۹۸۲، جک دانلی مقاله‌ای تحت عنوان «حقوق بشر و کرامت انسانی: نقد تحلیلی برداشت‌های غیرغربی از حقوق بشر» منتشر کرد که این احساس رایج درباره نظریه حقوق بشر را بازتاب می‌داد. در این مقاله، دانلی ادعاهایی را بررسی می‌کند که فرهنگ‌های غیرغربی برداشت‌های بدیلی از حقوق بشر دارند که اساساً با مدل لیبرال غربی متفاوت است. دانلی با قاطعیت استدلال می‌کند که حقوق بشر، همان‌گونه که امروزه شناخته شده‌اند، نه حقیقت‌هایی فرازمانی و فرامکانی، بلکه محصول تحولاتی خاص در تاریخ و فلسفه، یعنی ظهور دولت‌های دموکراتیک لیبرال مدرن هستند. او استدلال می‌کند که مفهوم حقوق بشر به‌طور ذاتی با بنیادهای فلسفی مدرنیته غربی—به‌ویژه تأکید بر خودمختاری فرد و منافع عقلانی فردی—گره خورده است.

این منش فردگرایانه، گرچه در بسیاری زمینه‌ها رهایی‌بخش بوده است، اما محدودیت‌های چشمگیری نیز دارد. با اولویت دادن به حقوق فردی، گفتمان مدرن حقوق بشر زمینه‌های اجتماعی، فرهنگی، زیست‌محیطی، زیستی و طبیعی شکل‌دهنده تجربه انسانی را نادیده می‌گیرد. مفهومی از حقوق که با فردگرایی هدایت می‌شود، آشکارا می‌تواند منجر به تمرکز محدود بر امتیازات فردی شود و در قبال مسئولیت‌های جمعی، ناتوان گردد؛ همچنین ممکن است در پرداختن به مسائلی که فراتر از کنش فردی هستند، مانند بی‌عدالتی ساختاری یا تخریب محیط زیست، با دشواری مواجه شود.

پیامدهای پروژه حقوق بشر مبتنی بر فردگرایی

پروژه مدرن حقوق بشر که ریشه در فردگرایی عصر روشنگری دارد، در دستیابی به دستاوردهای قابل توجهی، به‌ویژه در زمینه ایجاد چارچوب‌های حقوقی و هنجارهای بین‌المللی برای حفاظت از افراد در برابر سوءاستفاده‌های دولتی، موفق بوده است. با این حال، تأکید این رویکرد بر خودمختاری فردی و حقوق فردی، پیامدهای ناخواسته‌ای نیز به همراه داشته است. یکی از پیامدهای مهم آن، غفلت از مسئولیت‌های جمعی و همکاری اجتماعی است. با اولویت دادن به حقوق فردی، چارچوب مدرن حقوق بشر پیوندهای اجتماعی و وظایف جمعی را تضعیف می‌کند و منجر به شکل‌گیری جامعه‌ای متفرق می‌شود که در آن منافع فردی بر رفاه و سلامت عمومی غلبه دارد؛ امری که در دوران همه‌گیری سال ۲۰۲۰ به‌وضوح مشهود بود، زمانی که بسیاری از افراد از انجام اقدامات اجباری مانند استفاده از ماسک در اماکن عمومی شلوغ خودداری کردند و همین امر موجب گسترش سریع‌تر بیماری شد، در حالی که هیچ دولتی توان مقابله مؤثر با بحران سلامت عمومی را نداشت.

پیامد دیگر آن، ناتوانی جوامع به اصطلاح لیبرال و دولت‌هایشان در مقابله با بی‌عدالتی‌های ساختاری و چالش‌های جهانی است. تمرکز فردگرایانه گفتمان حقوق بشر مدرن، امکان اتخاذ راه‌حل‌های جمعی و نظام‌مند برای مسائل پیچیده‌ای مانند نابرابری ساختاری، تخریب محیط زیست و همه‌گیری‌های جهانی را سلب می‌کند. این نگاه فردمحور به حقوق، موجب تمرکز محدود بر حقوق مدنی و سیاسی می‌شود و در عین حال، حقوق اقتصادی، اجتماعی و فرهنگی که برای شکوفایی انسانی حیاتی‌اند را نادیده می‌گیرد. افزون بر آن، تسلط چارچوب لیبرال غربی، موجب عدم شمولیت جهانی در کاربرد و تفسیر حقوق بشر شده است. دیدگاه‌های غیرغربی که اغلب بر ارزش‌های جمع‌گرایانه، هماهنگی اجتماعی و تعادل زیست‌محیطی تأکید دارند، به عنوان نگرش‌هایی کهنه، نامربوط یا ناسازگار با هنجارهای مدرن حقوق بشر کنار گذاشته می‌شوند. این امر منجر به تضادهای فرهنگی و احساس تحمیل ارزش‌های بیگانه شده و اجرای مؤثر حقوق بشر در زمینه‌های فرهنگی متنوع را با مانع مواجه می‌سازد. شواهد طرد گروه‌های آسیب‌پذیر اجتماعی از برخورداری از همان حقوقی که قدرتمندان و برخورداران مدعی آن هستند، تنها در اسناد تاریخی دیده نمی‌شود، بلکه در وقایع معاصر نیز قابل مشاهده است.

زمانی که رهبران اروپایی فروش واکسن کووید-۱۹ را به دیگر کشورها ممنوع کردند تا زمانی که همه شهروندان اروپایی واکسینه شوند، نشان دادند که آنان همچنان، مانند متفکران غربی عصر روشنگری، به برابری واقعی انسان‌ها باور ندارند. کسانی که لذت‌های فردی را بر خیر جمعی مقدم می‌دانند، همواره زمینه‌ای برای حذف غیرسفیدپوستان، بر مبنای نژاد، قومیت، جنسیت، وضعیت شهروندی یا طبقه اقتصادی یافته‌اند. این حذف فقط در دوران بحران رخ نمی‌دهد؛ همواره حضور دارد: وقتی جنگ اوکراین آغاز شد و هنوز کشتار گسترده‌ای گزارش نشده بود، رسانه‌ها و رهبران غربی به سرعت روسیه را به نسل‌کشی متهم کردند. اما زمانی که فلسطینی‌ها در غزه قتل‌عام شدند، تا حدی که حتی ترامپ اذعان کرد که غزه «غیرقابل سکونت» شده است، و زمانی که همه نهادهای غیردولتی معتبر و کارشناسان سازمان ملل این کشتار و گرسنگی را مصداق نسل‌کشی دانستند، رهبران غربی از جمله ترامپ و بایدن آن را رد کردند و صراحتاً اعلام نمودند که آنچه در حال وقوع است، نسل‌کشی نیست بلکه «دفاع از خود» است. این واکنش موجب شد که خبرنگاری در یک نشست خبری بپرسد: «رئیس‌جمهور باید چند جسد سوخته را ببیند تا سیاست خود را تغییر دهد و واقعیت را بپذیرد؟»

به چالش کشیدن این برداشت مسلط از حقوق بشر، از طریق نادیده‌انگاری، رد غیرمستدل یا صرفاً با افزودن برداشت‌های جایگزین از حقوق بشر امکان‌پذیر نیست. رویکردی مبتنی بر اصول وجود دارد که از تحول حمایت می‌کند و مهم‌تر از آن، شواهد محکمی وجود دارد که نشان می‌دهد نتایج ناشی از برداشت فردگرایانه از حقوق، در حوزه‌های حیاتی مانند سلامت عمومی، مسائل زیست‌محیطی و بهره‌برداری از منابع طبیعی، فاجعه‌بار بوده است.

تفکر سیستمی به‌عنوان مبنایی برای بازنگری در حقوق بشر

حتی اگر حقوق بشر را به‌عنوان نظامی برای حفظ حقوق فردی در نظر بگیریم، دامنه‌ی گسترده‌ی این حقوق و قدرت نیروهایی که آن‌ها را تهدید و نقض می‌کنند، این مبارزه را بسیار دشوار می‌سازد. به‌طرزی تناقض‌آمیز، تأمین این حقوق برای افراد، گروه‌های اجتماعی خاص و جوامعی که خود را دارای این حقوق می‌دانند، چالش‌های جدیدی به وجود آورده است؛ از جمله بحران‌های زیست‌محیطی، شیوع بیماری‌های عمومی، ناآرامی‌های اجتماعی، و فقر گسترده، که همگی ارتباط عمیقی با مسئله‌ی حقوق بشر دارند. پیچیدگی فزاینده‌ی این مشکلات و شدت تأثیر آن‌ها بر کیفیت زندگی بر روی زمین، با تحلیل‌ها و مداخلات تک‌سیستمی که طی قرن گذشته رایج بوده، قابل حل نیست. این مسائل پیچیده نیازمند رویکردهای نوین هستند و چارچوب تفکر سیستمی (STF) جایگزینی قدرتمند برای پارادایم فردگرایانه‌ای است که گفتمان معاصر حقوق بشر را تحت سلطه دارد. توسعه و به‌کارگیری اصول مرتبط و مناسب این چارچوب، درکی جامع‌تر و مداخلاتی دقیق‌تر در حوزه‌ی حقوق بشر فراهم می‌آورد.

در اساس خود، چارچوب تفکر سیستمی اذعان دارد که افراد در سیستم‌های اجتماعی، فرهنگی و بوم‌شناختی پیچیده‌ای جای گرفته‌اند. این چارچوب اهمیت درک روابط و تعاملات میان عناصر و کنشگران مختلف این سیستم‌ها را مد نظر قرار می‌دهد؛ و شرایط و معیارهای نوینی برای فراتر رفتن از تمرکز محدود بر حقوق فردی و توجه به زمینه‌های گسترده‌تر تحقق یا نقض حقوق بشر ایجاد می‌کند. با تأکید بر ماهیت پویای حقوق بشر، متفکر سیستمی در می‌یابد که حقوق بشر صرفاً امتیازاتی ثابت نیستند، بلکه تمریناتی پویا هستند که توسط عوامل تاریخی، اجتماعی، فرهنگی و مفهومی شکل می‌گیرند؛ واقعیتی بی‌نهایت سیال که به همان اندازه که محصول سیستم‌های مفهومی است، نتیجه‌ی عمل و تجربه‌ی زیسته نیز هست. کاربرد اصول چارچوب تفکر سیستمی، فهم انسان‌ها از حقوق بشر را به شکلی جامع، پایدار و اثربخش بازتنظیم می‌کند.

راه پیش رو

آینده‌ی گفتمان حقوق بشر مستلزم تغییر بنیادین در دیدگاه است. ما باید از محدودیت‌های فردگرایی دوران روشنگری فراتر رفته و رویکردی سیستمی را بپذیریم که در هم‌پیوندی همه‌ی زندگی‌ها را به رسمیت می‌شناسد. اسناد تاریخی و رخدادهای مستندی وجود دارند که این دیدگاه کل‌نگر را ارائه می‌دهند؛ در چارچوب این اثر ترجمه‌شده، این منابع بخشی از میراث تمدن اسلامی‌اند، که بینش «رساله حقوق» را عرضه کرده‌اند.

رساله حقوق منبعی ارزشمند برای فهم و بازتعریف حقوق بشر به شمار می‌آید. تأکید آن بر رابطه‌مندی، تقابل، و مسئولیت‌پذیری، جایگزینی قانع‌کننده برای روحیه‌ی فردگرایانه‌ی حقوق بشر مدرن ارائه می‌دهد. با تأمل در متونی همچون رساله، پژوهشگران و دانشجویان حقوق بشر می‌توانند بدنه‌ی دانش موجود را غنا بخشیده و چارچوب‌هایی یکپارچه‌تر و ژرف‌تر توسعه دهند. به‌ویژه

72

تأکید رساله بر مسئولیت اخلاقی، هم‌بستگی متقابل، و فروتنی، می‌تواند هدف واقعی حقوق بشر را احیا کند: پاسداشت کرامت انسانی به‌مثابه امانتی که باید حفظ شود، نه امتیازی که باید بهره‌برداری گردد.

برای مسلمانان به‌ویژه، منشأ و تکامل مدرن گفتمان حقوق بشر نباید بهانه‌ای برای کناره‌گیری یا رد آن باشد، بلکه باید انگیزه‌ای برای تجدید تعهد به فرایض اخلاقی عمیقاً ریشه‌دار در سنت اسلامی ایجاد کند. تمدن اسلامی، در طی تاریخ بلند و متنوع خود، بدنه‌ای غنی از اندیشه و عمل در زمینه‌ی عدالت، حقوق و مسئولیت‌ها تولید کرده است—میراثی که شامل لحظاتی از حمایت اصولی از کرامت مطلق فرد، در چارچوب قانون الهی و نظم اخلاقی است. آثاری همچون رساله حقوق امام زین‌العابدین، گواهی ماندگار بر دیدگاهی از حقوق هستند که بر پایه‌ی خودمحوری فردی بنا نشده، بلکه بر اساس تسلیم در برابر اصل عدالت، مراقبت و مسئولیت در قبال دیگران استوار است. از این‌رو، راه آینده نه در گسست بلکه در نوسازی است: بازپیوندی دقیق و اصول‌مند با مفهوم حقوق به‌مثابه وظایف اخلاقی و نیز محافظت‌هایی که بر چشم‌اندازی از انسان‌ها به‌عنوان جانشینان، امانت‌داران، نگهبانان، و مشارکت‌کنندگان در نظمی اخلاقیِ فراگیر استوار است. تنها از طریق چنین بازپس‌گیری‌ای است که وعده‌ی واقعی حقوق بشر—وعده‌ای شایسته‌ی این نام—محقق خواهد شد.

اندیشمندان مسلمان، تحت سلطه‌ی تولیدات فرهنگی و نهادی غرب، این ادعا را پذیرفته‌اند که حقوق بشر ابداع متفکران روشنگری غربی است. به‌عنوان یک چارچوب‌بندی متمایز از مفهوم مدرن حقوق بشر، ممکن است بتوان این موضوع را مورد بحث و بررسی قرار داد. اما با توجه به بحران‌های ناشی از چنین مفهومی از حقوق و سهم آن در آسیب‌های گسترده و عظیم به انسان‌ها، دیگر موجودات و پدیده‌ها، اکنون لحظه‌ای حیاتی فرارسیده است که اندیشمندان مسلمان به بازاندیشی در مفهوم اسلامی حقوق بپردازند—مفهومی بنیادین که می‌تواند جایگزین یا اصلاح‌کننده‌ی چارچوب موجود باشد، به‌ویژه زمانی که این چارچوب بر اصول جهان‌شمول عقل، منطق، حقایق علمی و آرمان‌های پایدار استوار است.

یکی از راه‌های به حاشیه راندن مشارکت اسلامی، مجبور ساختن آن به پذیرش سکولاریسم یا طرد کامل است—بی‌آنکه امکان پذیرش اصول اسلامی به‌عنوان مبنایی برای دستور کار جهانی در نظر گرفته شود. تحولات اخیر نشان می‌دهند که مسلمانان باید در جستجوی اصول بنیادین به درون بنگرند؛ وگرنه، خطر از دست دادن همه‌ی ارزش‌ها وجود دارد. اگرچه پیشرفت‌های علمی تمدن مدرن کیفیت زندگی انسان‌ها را بهبود بخشیده، این دوران مدرن همچنین آسیبی در ابعادی بی‌سابقه وارد کرده است؛ با این حال، هیچ‌یک از متفکران برجسته‌ی غربی خواستار گسست کامل از میراث غرب نشده‌اند. اما تمدن اسلامی که پل میان جهان مدرن و گنجینه‌ی عظیم دانش تمدن‌های پیشین بود، و آرمان‌های خود را نیز در این مسیر ارائه کرد و خیر بسیاری آفرید—خیراتی که به معیارهای امروزی، از آسیب‌هایش پیشی می‌گیرد—باز هم مورد انتقاد متفکران غربی قرار گرفته است، به‌گونه‌ای که آنان از مسلمانان خواسته‌اند دین و میراث خود را رها کنند، زیرا ارزش‌های آنان را با معیارهای مدرن حقوق بشر ناسازگار می‌دانند—سؤالی درباره‌ی سازگاری (مثلاً: «آیا اسلام با حقوق بشر سازگار است؟») که میلیون‌ها بار پرسیده شده، اما هرگز درباره‌ی یهودیت و مسیحیت مطرح نمی‌شود، چنان‌که داده‌های عمومی دیجیتال نشان می‌دهند.

احمد سواعیه

دانشگاه آیووا، آیووا سیتی، ۲۰۲۵

About Treatise on Rights
Imam Zayn al-Abidin Ali Ibn al-Hussain

About the Author:
Ali Ibn al-Hussain, also known as Zayn al-Abidin and al-Sajjad, was born around 658 CE. He was the son of Hussain, the grandson of the Prophet Muhammad, and was named after his grandfather, Ali Ibn Abi Talib, the first cousin and son-in-law of the Prophet. Among Twelver Shia Muslims, he is revered as the Fourth Imam.

About the New Edition of the Treatise on Rights:
Treatise on Rights (*Risālat al-Ḥuqūq*) by Imam ʿAlī ibn al-Ḥusayn Zayn al-ʿĀbidīn is a timeless reflection on justice, duty, and human dignity by one of the most respected figures in Islamic history. This powerful text outlines a holistic framework of rights and responsibilities that remains deeply relevant in today's complex moral and legal landscape.

This new edition, which includes translations into English and Persian alongside the original Arabic text, makes the *Treatise* accessible to a broader global audience. It offers a rare opportunity to engage with this influential work in its original language and two widely spoken languages in the Muslim world, encompassing both Sunni and Shia communities.

To contextualize the *Treatise on Rights*, the edition features an introduction by Dr. Ahmed E. Souaiaia—a renowned scholar of human rights, political philosophy, and classical and modern Islamic thought. In this essay, Professor Souaiaia presents a compelling call to reconsider how we think about human rights. Drawing on over two decades of interdisciplinary research, he demonstrates that Islamic traditions have long articulated a sophisticated understanding of human rights—an understanding grounded in the broader environments and relationships that shape human life. This perspective is only recently being acknowledged by modern human rights theorists, in response to ongoing abuses and the failure of current systems to prevent harm to all beings.

This trilingual edition invites readers to rediscover the *Treatise on Rights* as a living document—one that continues to inform and inspire contemporary conversations on ethics, justice, and human responsibility.

COPYRIGHT © MAJALLA Press

www.ingramcontent.com/pod-product-compliance
Lightning Source LLC
Chambersburg PA
CBHW050733010526
44107CB00010B/837
* 9 7 9 8 8 8 8 2 3 0 0 8 4 *